台灣民意
與
兩岸關係

陳陸輝 著

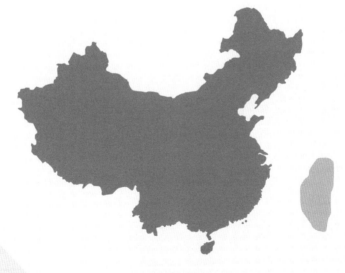

五南圖書出版公司 印行

序言

　　雖然我的研究領域以選民行為及民意調查為主，但是，我國自民選總統以來，選舉政治中最重要的議題，當屬兩岸關係。在民主選舉的台灣，要解析影響兩岸關係的重要因素，自然無法忽略台灣民眾的意向所扮演的關鍵角色。

　　國內外針對兩岸關係研究的學者眾多，我第一篇與兩岸關係相關的學術論文，是由政治大學名譽教授陳義彥老師所帶領一起撰寫的〈模稜兩可的態度還是不確定的未來：台灣民眾統獨觀的解析〉，該文於2003年發表在《中國大陸研究》的期刊，也開啟我從民意的角度，解讀兩岸關係的研究。其後則與目前在中國大陸浙江大學任教的耿曙教授，以「理性」或「感性」角度來解析兩岸關係，並共同發表一系列中英文文章。至於本書所帶入的政治情緒角度，則要感謝目前在美國杜克大學任教的牛銘實教授的啟發。牛教授非常樂於跟朋友們分享他的學術觀察與個人經驗，在一個場合，他提到以情緒的角度分析大國與小國間國民的互動，啟發了本研究靈感，讓我開始在自己執行的調查中加入相關概念，或是利用既有調查的原有情緒相關題目，進行系列的分析，並完成相關主題的學術論文。當然，在撰寫以台灣民意解析兩岸關係的相關研究論文期間，也經常在不同場合或是研討會上，獲得中央研究院政治所吳玉山院士的寶貴建議。這幾位師長與友人是本書得以問世的重要推手，在此要特別向他們致謝。

　　本書的撰寫期間，承蒙科技部提供專書寫作的補助經費（計畫編號MOST 104-2410-H-004 -094 –MY3），讓我可以將相關的調查資料歸納整理，並陸續分析整理而完成本書，因此要特別感謝科技部的大力支持。本

書的審查過程，委請科技部人文社會科學研究中心送交國內TSSCI期刊的《選舉研究》審查，在此要感謝時任人社中心的主任曾嬿芬教授以及杜美慧小姐的協助，與《選舉研究》期刊主編蔡佳泓主任與執編俞振華教授的費心，以及三位審查委員提供的諸多寶貴審查意見，讓本書更加完備。當然，本書最後得以順利出版，必須感謝五南圖書公司的發行人楊榮川先生與總經理楊士清先生，他們對於社會科學相關領域的教科書與學術著作的長年支持。該公司副總編輯劉靜芬小姐的督促以及本書責任編輯黃郁婷小姐的細心校對，讓本書順利與讀者見面。此外，該公司五位編輯委員的肯定，也都是本書問世的重要關鍵，特此敬表感謝。

　　本書在撰寫以及審查過程的修改期間，本人正在美國杜克大學休假研究，許多章節最後增刪或定稿的工作，是在美國完成。也要再次感謝牛銘實教授提供我們前往杜克大學休假研究的機會，以及我們在北卡訪學期間的諸多照顧。由於2020年年初後，新冠肺炎（COVID-19）疫情在美國爆發，在該年4月之後，小學也開始停止實體上課而改為線上教學，因此，我與小兒禹寰在北卡州居家令的要求下，大多時間待在家裡，只有每天外出到附近的Chapel Hill Bible Church停車場的籃球架下或是旁邊的足球場，打一個小時的籃球或是傳接、打擊棒球。因為北卡天氣頗佳，我們一年來持續地運動健身或是揮汗鬥牛，不但讓他晚上可以準時就寢而給我修改文稿的時間，也讓他返回台灣之後，反而因為固定的運動而練就穩定的投打技巧。愛妻嘉雯則是在農曆春節期間前來相伴並照顧小兒，讓我在那段期間較有餘裕修改文章。這些應該都是本書得以順利完成的重要關鍵，我也要感謝他們的陪伴與協助。

　　兩岸關係對台灣至為重要，本研究係彙整我過去針對兩岸交流相關主題的理論發想，而寫成的一本體系較為完整的專書。當然，受限於本人的學養，仍有諸多疏漏或不足之處，尚祈各方先進不吝指正。

陳陸輝

2021年1月29日於政治大學選舉研究中心

目次

Chapter **1**

兩岸關係的變與常

　　自從 1996 年舉行總統選舉之後，參與兩岸關係與政策的決策者，出現重要的改變。過去左右兩岸關係的走向，是兩岸的領導當局，不過，自從我國總統改爲由人民直接選舉之後，人民對兩岸關係的偏好與意向，不但影響台灣大政由誰掌舵，也影響兩岸未來將走向何方。

　　兩岸因爲特殊的歷史與政治因素，自 1949 年分立以來，歷經「相互否認」的軍事對峙時期，至 90 年代始逐漸走向「互不否認」的和平共存階段。1993 年「辜汪會談」更曾讓各界樂觀期待兩岸共創和平的未來，但 1994 年發生台灣旅客在千島湖旅遊時遭人劫殺的重大事件；1995 年李登輝總統返回美國取得博士學位的母校康乃爾大學演講後，引來中共的導彈試射，更重創兩岸關係，兩岸往來的互信基礎原本即不穩固，這些事件更讓兩岸互動陷入僵局。

　　在 2008 年馬英九先生就任總統之後，一改前任執政者們在兩岸交流上採取的「戒急用忍」、「積極開放，有效管理」等降溫或管制的消極策略，改以「以台灣爲主，對人民有利」的理念來面對兩岸關係。並提出「正視現實，開創未來；擱置爭議，共創雙贏」的原則，在中華民國憲法的架構下，以「不統、不獨、不武」與維持台海和平穩定現狀的前提，採取「先易後難、先急後緩、先經後政」的交流順序，全面啓動兩岸交流，大幅提升兩岸互動的緊密程度。自 2010 年《兩岸經濟合作框架協議》（Economic Cooperation Framework Agreement，以下簡稱 ECFA）簽署後，讓兩岸關係更爲緊密的經貿交流協議，持續研議與推動，2013 年並依據 ECFA 第 4 條完成《海峽兩岸服務貿易協定》（以下簡稱《服貿協議》）。不過，在 2014 年 3 月 17 日立法院內政委員會的召集委員張慶忠委員宣布將《服貿協議》送院會備查後，隨即引發公民團體與學生團體不滿，於 3 月 18 日晚上 6 時於立法院外舉辦「守護民主之夜」，並在當夜占領立法院議場，要求退回《服貿協議》，且強調應先制定《兩岸協議監督條例》後始能審查。該運動使學生占領立法院逾三週，期間還發動數十萬人上街聲援，且有部分學生一度占領行政院[1]。在 4 月 6 日時任立法院院長王金

1　前台北市警局長因依法執行驅離占領行政院的學生，而被當事人周倪安提告，經合議庭宣判

平答應學生「先立法再審查」之後，學生於 4 月 10 日正式退場，撤出立法院。

在 2014 年 11 月 29 日舉行的地方公職人員選舉（俗稱「九合一選舉」），國民黨遭逢空前的慘敗。原先執政的縣市由 15 個減少為 6 個，民進黨執政縣市則由 6 個增加為 13 個。此外，自 1998 年到 2014 年由國民黨連續執政十六年的台北市則由無黨籍的柯文哲拿下，花蓮縣與金門縣 2 個縣則是由無黨籍候選人囊括五成以上的選票當選。2014 年的縣市長選舉，能否視為「太陽花學運」反對與中國大陸建立更密切的關係的延續？儘管相關研究顯示，民眾對太陽花以及兩岸服貿條例的態度，深受對中國大陸的情緒（陳陸輝、陳映男 2016）以及對中國大陸的好惡（蔡佳泓、陳陸輝 2017）所影響，不過，後續的台灣政局發展，更令台灣民眾關切。在 2016 年 1 月 16 日舉行的總統與立法委員選舉，民進黨總統與副總統候選人蔡英文與陳建仁以囊括 56.1% 的選票而當選，當時執政的國民黨候選人朱立倫與王如玄則僅獲得 31.0% 的支持。在立法委員選舉方面，民進黨更獲得 68 席，國民黨只保留 35 席，而因太陽花學運成立的新政黨時代力量一舉贏得 5 席成為第三大政黨，親民黨則僅取得 3 席。該次大選的結果，不但反映了國民黨在提名過程中「換柱」的爭議，也凸顯了國民黨馬英九執政後期民眾的不滿。

蔡英文總統在 2016 年就職演說中，針對兩岸關係提出尊重「1992 年兩岸兩會秉持相互諒解、求同存異的政治思維……這個歷史事實」並強調新政府「會依據中華民國憲法、兩岸人民關係條例及其他相關法律，處理兩岸事務。兩岸的兩個執政黨應該要放下歷史包袱，展開良性對話，造福兩岸人民。」[2] 中國大陸卻認為蔡英文總統並未針對「九二共識」提出具體的回應，而以「未完成的答卷」來評斷其就職演說。

不過，自 2016 年完全執政的民進黨，因為一例一休、軍公教年金改

無罪。見王聖藜、廖炳棋，2019，〈驅離太陽花 前北市警局長無罪 黃昇勇下令驅離 北院：警察打人殘留威權體制思維 應調查究責〉，《聯合報》，7 月 19 日，版 1。

[2] 蔡英文，2016，〈蔡英文就職演說全文〉，《天下雜誌》，5 月 20 日，https://www.cw.tw/article/article.action?id=5076418，檢索日期：2020 年 4 月 28 日。

革、同婚議題、能源政策、卡管事件、以及促轉會的諸多爭議,讓蔡總統的滿意度持續低迷,以致在 2018 年年底的地方選舉遭受空前挫敗,也使得其在 2014 年所獲得的大量縣市長席次,多數竟在一夕之間崩盤。從 1998 年以來執政二十年的高雄市拱手讓人,台中市、宜蘭縣、彰化縣、雲林縣、嘉義市、澎湖縣等也都失守。國民黨也將原本是無黨籍執政的金門縣與花蓮縣贏回來。其中,特別是高雄市市長韓國瑜提出的「貨賣得出去,人進得來,高雄發大財」的口號,以及選舉期間營造的「韓流」氣勢,讓兩黨在 2016 年總統與立委選舉後的相對勢力,出現重要轉折。

在 2019 年元旦,蔡英文總統發表元旦談話,提出以「四個必須」作為兩岸關係正面發展基礎,包括:中國必須正視中華民國台灣存在事實,必須尊重台灣 2,300 萬人民對自由民主堅持,必須以對等、和平方式處理兩岸歧異,也必須是政府或政府授權的公權力機構坐下來談。不過,在 1 月 2 日,中國大陸領導人習近平在北京人民大會堂舉行《告台灣同胞書》四十週年紀念會,提出了攜手推動民族復興,實現和平統一目標;探索「兩制」台灣方案,豐富和平統一實踐;堅持一個中國原則,維護和平統一前景;深化兩岸融合發展,夯實和平統一基礎;以及實現同胞心靈契合,增進和平統一認同等五個重點[3]。蔡英文總統在當天下午立即做出回應:「我們始終未接受『九二共識』,根本的原因,就是北京當局所定義的『九二共識』,其實就是『一個中國,一國兩制』。」總統也表示:「我們願意坐下來談,但作為民主國家,凡是涉及兩岸間的政治協商、談判,都必須經過台灣人民的授權與監督,並且經由兩岸的政府,以政府對政府的模式來進行。在這個原則之下,沒有任何人、任何團體,有權利代表台灣人民去進行政治協商。」[4] 習近平的「一國兩制,台灣方案」,無

3　習近平演說內容,請參考:習近平,2019,〈在《告台灣同胞書》發表 40 週年紀念會上的講話〉,新華網,1 月 2 日,http://www.xinhuanet.com/tw/2019-01/02/c_1210028622.htm,檢索日期:2020 年 4 月 28 日。

4　許依晨、林河名、林敬殷,2019,〈蔡英文:從未接受九二共識 絕不接受一國兩制〉,世界日報,1 月 3 日,https://www.worldjournal.com/6058797/article-習近平提「兩制台灣」蔡英文反擊:堅決反對一國/,檢索日期:2020 年 4 月 28 日。

疑給在 2018 年地方選舉選後低迷的執政黨一個非常好的翻轉契機[5]，因為根據陸委會在 2019 年 3 月中旬委託政治大學選舉研究中心的民意調查可以發現：有將近五成的台灣民眾非常不贊成「一國兩制」，而表示不贊成的也有三成一，兩者合計接近八成的民眾傾向不贊成一國兩制。至於表示贊成或是非常贊成者，合計大約一成左右。[6]也因為民眾對於「一國兩制」的反感，蔡英文總統自年初，即以反對「一國兩制台灣方案」為主軸，強力回擊中國大陸，也在前行政院院長賴清德挑戰黨內提名的初選中，以一定的幅度超過賴清德，順利獲得提名。伴隨著香港的反對《逃犯條例》修訂草案運動（俗稱「反送中運動」）所爆發並升高的警民衝突，持續讓蔡英文總統民氣走揚，並在 2020 年 1 月 11 日的選舉中以史上最高的 8,170,231 票（得票率 57.13%），當選為第十五任總統。同一天舉行的第十屆立法委員選舉，民進黨再以合計 61 席的過半席次，持續單獨掌握國會過半數席次，延續該黨「完全執政」。

　　因此，隨著台灣的民主深化，讓民意的走向更受到政黨領袖的關注，也連帶讓兩岸關係受民意的制約，2020 年的選舉結果，可以看到兩岸議題在台灣的選舉政治中所持續扮演的重要角色。在兩岸關係中，我們可以檢視歷年來民眾對於中國大陸對我敵意或是善意的分布情況。從圖 1-1 中可以發現，自 1998 年以來，民眾認為中國大陸政府對我政府是善意的比例，從 1998 年李登輝執政時期的 6.2%，在 2000 年到 2006 年間則從不及一成上升至一成七，到了 2008 年則上升到接近三成，2010 年是最高點的 35.1%，該年度兩岸開始協商 ECFA，並於 8 月 17 日經立法院逕付二讀後全案表決通過，這也許與兩岸當時的和緩氣氛有關。不過，在 2012 年到 2016 年之間，民眾認知大陸政府對我政府善意的比例卻一路下滑，從 2012 年的跌破三成到 2016 年的僅兩成一左右，在 2018 年僅回

5　媒體人王健壯以〈辣台妹在路上撿到一把槍〉為題，說明將一國兩制與九二共識連結，如何提升民進黨的支持度。參考：王健壯，2019，〈辣台妹在路上撿到一把槍〉，聯合新聞網，1 月 13 日，https://udn.com/news/story/11321/3590308，檢索日期：2019 年 7 月 21 日。

6　陸委會，2019，《「民眾對當前兩岸關係之看法」民意調查》（2019-03-13～2019-03-17），https://www.mac.gov.tw/cp.aspx?n=E62AF37D0CA70478，檢索日期：2019 年 7 月 7 日。

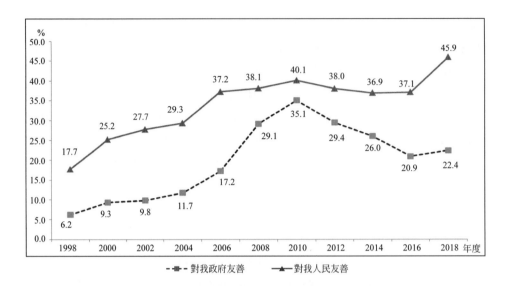

圖 1-1　民眾對於大陸政府對我友善程度的歷年分布圖

資料來源：蔡佳泓，2019，頁 82-83；表 E1 與表 E2。作者計算整理。

升到兩成二。然而，民眾認為大陸政府對我人民的友善程度，卻出現不同
趨勢。在 2004 年之前，整個變動趨勢與民眾認知其對我政府友善程度的
分布類似，但是，自 2006 年之後，時任中國大陸國家主席的胡錦濤採取
「寄希望於台灣人民」的諸多惠台措施後，民意開始出現重要的轉變。從
2006 年開始，有超過三成七的民眾認為大陸政府對我民眾是持善意的，
這個比例到 2010 年達到四成，更有趣的是，在 2016 年民進黨執政之後，
這個比例並未隨之下降，不但穩定在三成七上下，更在 2018 年上漲到平
均約四成六的歷史新高。顯然，民眾明顯感受到大陸政府對我政府與人民
的善意有別，認為大陸政府對我人民友善的比例，在 2018 年遠超過對我
政府友善的比例，達 23.5%。

　　兩岸關係對台灣的國家安全、經濟發展、外交與內政皆具有關鍵性影
響，其變化甚至會牽動東亞局勢與國際關係的穩定。大陸政策與議題在台
灣選舉政治與國家治理上的重要性與優先性更是長期受到關注。民主化之
後的台灣，政府的大陸政策尤其必須隨時關注民意的反應及其所可能產生

的選舉效應。台灣民眾的政治意向，不僅受台灣主政者重視，中共的當權者欲攏絡台灣民心，亦須開始留意台灣的民意結構與變遷。因此，在當前兩岸關係中，除了雙方執政者與主要在野黨對於兩岸關係的認知與策略選擇之外，台灣民意是美國因素之外，另外一個制約台灣執政當局決策的重要因素。從 2014 年太陽花學運的反服貿運動中我們可以發現：台灣民眾對兩岸關係的認知與意向，甚至可能直接干預執政當局在兩岸關係上的處理進程。特別是在總統必須經由人民直接選舉方能產生的情況，民選的總統，必須考量民意對於特定議題的態度，重要政策的彈性決策空間也受到民意的約束。而諸多政策中，與民眾切身相關的兩岸關係，其重要性更受到關注。因此，本研究將從民意的角度探討台灣民意如何影響兩岸關係。特別是：兩岸關係的演變，不僅是美、中、台三角關係中的學者所重視焦點，更是研究國內選舉政治的核心議題。而從民意的角度探討兩岸相關的主題則是此一領域學者較少觸及的，本書希望從不同的角度出發，以期提供國內外關注兩岸關係的學界或是實務界，學術理論的對話以及政策實務的參考。

　　國內外對於兩岸關係討論的文章並不少，不過，有系統地從民意的角度出發，來討論民意對兩岸關係的影響的專書中，相對有限，因此，本書認為有必要填補相關研究的空缺。[7]

　　本書將依序撰寫以下的章節，在第二章將從相關理論的回顧與檢閱，說明台灣民意對兩岸關係的影響。在第三章將說明本書的研究設計、運用資料以及概念的操作。第四章先從理性算計的視角分析台灣民意的理性考量，對兩岸關係的推動所可能產生的影響。第五章則從感性認同的角度出發，解析台灣民意的感性層面如何影響兩岸關係。接下來我們將帶入政治情緒的面向，在第六章將說明情緒因素對兩岸關係的可能影響。我們也將在第六章提出一個整合模型，綜合分析感性、理性與情緒對於兩岸關係的可能理想，最後一章則從傾聽民眾聲音的角度出發，說明我們如何理解兩岸關係的動力以及掌握其變遷的可能脈動。

7　相關著作可以參考 Blanchard and Hickey（2012）；Cheng, Huang, and Wu（1995）；Hu（2013）；Lee（2010）；以及 Schubert（2016）。

Chapter 2

探索台灣民意對兩岸
關係的影響：
文獻檢閱與理論建構

　　國內外學界討論影響民眾不同的政策選擇或是政策偏好，可以從民眾理性自利的角度切入，也可以自民眾的感性認同入手。此外，近年許多研究也從民眾的「情緒政治」（emotional politics）解析。因此，本章將從上述三個角度，分析「理性自利」、「感性認同」以及「情緒因素」對其在兩岸關係的態度所可能產生的影響。本章將先從以下三個角度，一一評述重要參考文獻，然後再說明本書的理論架構。

壹、解析民意對兩岸關係影響的三個角度

　　國內外針對兩岸關係的相關研究中，民眾的統獨立場是眾所矚目的焦點。在國內的選舉政治方面，統獨議題是區分台灣不同政治勢力的重要關鍵，藍綠兩大陣營，往往各據統、獨立場之一方，並努力競逐希望維持現狀的中間勢力（王甫昌 1997；吳乃德 1993；徐火炎 1996；盛杏湲、陳義彥 2003；陳文俊 1995；陳陸輝 2018；游清鑫 2002；Yu 2005）。在對外關係上，統獨議題不但左右台灣的大陸政策走向，更關係到台灣與美國或日本之間的合縱連橫（吳乃德 2005；吳玉山 1999b；吳玉山 2001；盛杏湲 2002；Chang and Wang 2005；Keng, Chen, and Huang 2006; Myers and Zhang 2006; Niou 2005; Wang 2001; Wang 2005; Wu 2004）。因此，台灣民眾對統獨議題的立場與偏好，一直是近年總統選舉中重要的焦點。統獨之爭，絕對是台灣政治的核心議題（Corcuff 2002; Wang 2005），更是台灣政黨的分野所在。也因此，相關的著作成了兩岸關係研究的重要焦點。

　　除了統獨議題之外，兩岸經貿交流所可能產生的政治後果，也是近年來關注的焦點。吳玉山早在 1995 年即指出，由於兩岸社會經濟交流與政治互動之間彼此依賴，因此社會經濟的活動是否會因為「外溢效果」而進一步影響到政治的整合或是「以經濟促政治」、「以通促統」以及「以民逼官」，相當值得注意（Wu 1995, 128）。當然，國與國之間的貿易，往往可以作為一國影響其他國家的手段。Hirschman（1945）即指出，透過國際貿易，一個國家可以獲得更多商品的供給，也可能因增加其他國家

對自己的依賴而增強對他國的影響力。近年來爆發的中美貿易戰爭，即可看出在全球化的今天，兩大強國之間的貿易戰不僅止於兩國商品供需的爭議，更是兩國政治實力的較勁。中美貿易戰爭也可能進一步牽動整個世界的經濟榮枯。而兩岸之間的經貿交流，是否會因爲中國大陸領導人對台灣提出的「惠台政策」以及「寄希望於台灣人民」，而進一步對台灣民眾的政治傾向產生影響（耿曙 2009）？當然，「顧肚子」也要「拜佛祖」，經濟上的理性算計，能否轉變民眾對兩岸關係的既定立場，就必須從民眾「台灣認同」的持續與變化進行觀察。「認同」研究對台灣而言不僅具理論的意涵，對實證政治也是非常重要，因爲不論在兩岸關係或國內選舉競爭方面，國家認同與身分認同 [1]（Greenfeld 1992）一直都極爲關鍵（王甫昌 2008；Dittmer 2004）。目前探討「認同」主題的相關研究多指出：省籍、政黨認同、國家認同、統獨立場等，都是左右台灣民眾政治態度的重要變項（王甫昌 1993，1994，1997，1998，2003；吳乃德 1993，2002，2005；施正鋒 2000；張茂桂 1993；陳陸輝 2000，2017；盛杏湲、陳義彥 2003）。

　　近年來兩岸關係的相關討論也已與理性或感性的概念相連結，例如，謝復生與吳玉山將台灣的大陸政策，區分爲「統一—獨立」的認同選項和「經濟—安全」利益考量等兩個空間的面向（Hsieh 1995；吳玉山 1999b）。吳乃德（2005）則是以「麵包」與「愛情」比喻與描繪左右台灣身分認同形塑及兩岸關係的「理性」與「感性」兩種力量，耿曙等人（Keng et al. 2006）則以既有研究爲基礎，具體實證兩種力量的交錯抗衡，型塑出兩岸之間的動態關係，陳陸輝等人並將其理論化爲「符號政治」（symbolic politics）與「理性選擇理論」（rational choice theory）兩個部分，強調兩岸關係同時交雜理性自利與感性認同，彼此對抗或兼容並蓄，就其實際影響程度，往往受到政經互動與社會交流的制約與左右（陳

1　國家認同（national identity）是指一群人在意識上有休戚與共的自覺，而且希望生活在同一個國度裡，以確保彼此的共同福祉，其強調個體對政治共同體的歸屬，此歸屬包含血統、文化與政經制度等層面。而身分認同則是指一個人對於自己是誰，歸屬於哪個群體對象，而此群體可能是社區、團體、族群、民族、國家等。

陸輝、耿曙與王德育 2009；陳陸輝等 2009；陳陸輝等 2012）。此外，耿曙（2009）初期的研究是藉由觀察江澤民與胡錦濤上任初期（2007 年），台灣民眾觀感與政治立場的民意趨勢，發現中國大陸的「惠台」政策僅改善了台灣人民對中共的印象，並未扭轉台灣民眾的統獨、身分認同及政黨傾向等政治立場。儘管有學者以總體資料分析中國大陸對台灣農產品的關稅優惠政策並不能影響民進黨候選人在 2008 年總統選舉的得票率（Wong and Wu 2016），但曾于蓁（2015）以台南學甲鎮「契作」的觀察卻發現：中國大陸透過直接與台灣漁民「契作」可以與台灣基層民眾建立連結，並透過「保證收購價格」穩定漁產的市場價格，當然，也可以達到累積善意以化解敵意的目的。耿曙等人（Keng et al. 2017）則進一步發現：經濟優惠的手段要輔以台灣民眾對中國大陸正面印象的建立之後，才可能改變台灣民眾的態度。因此，在影響兩岸關係中，民眾的理性自利與感性認同之間是彼此抗衡？還是相輔相成？頗值得後續分析。

　　兩岸關係，雖然錯綜複雜，不過，影響其間的動力，不外乎民眾認為在兩岸交流過程是否獲利受害、其對於台灣重要政治理念的認同、以及在情緒上對中國大陸的愛恨情仇。以下，我們就分別從在三個方面一一說明相關的研究成果。

一、理性自利、台灣民意與兩岸關係

　　從理性自利出發的研究途徑，來解析台灣民眾在兩岸關係立場的持續與變遷，當推理性抉擇理論[2]。理性選擇理論以「自利」與「理性」的公設（axioms），循著演繹邏輯來研究與解釋政治現象。Riker（1977, 33）即指出：當我們假定一個人是理性的話，其「能將偏好排出順序且加以取捨並進行計算 —— 儘管有時會算錯 —— 如何達成其目標，並依照其計

---

[2] 謝復生（2013，3）認為將政治現象採用微觀經濟學的研究方法加以研究，稱之為實證政治理論（positive political theory）。而對於實證政治理論有許多不同的稱呼，經濟學者較常稱為公共選擇理論（public choice theory），政治學者則喜稱之為理性抉擇理論（rational choice theory）。本研究以後者稱之。

算採取行動。因此，當那些具有相同目標的人處於相同情境時，我們可以預期他們採取相同的行動」[3]。理性抉擇學派假定：人是理性的個體，將有意識地計算以最小的成本去追求「自我利益最大化」（self-interest maximization）。因此，人在政治活動中是有理性的，會將可能的若干行動方案依照其偏好加以排序，並選擇使其獲利或帶給其效用（utility）最大抑或是讓其受損最小的方案。在政治行為的研究中，Downs（1957, ch.8）以意識形態為單一議題面向，討論民眾在此一議題立場的偏好，以及不同的分布情況，例如：其偏好分布是常態分布、兩極分布或是多峰分布，並運用空間模型（spatial model）探討民眾在不同議題偏好的分布，政黨所應採取的政策立場加以分析。當然，運用相同的模型或是增加議題的面向，也可用來解析在不同的民意分布與選舉制度之下，不同政黨將採取趨同或是對立的議題立場，以及選民偏好分布與選舉制度不同，對於政黨體制或是選舉結果的影響[4]。

　　從理性自利角度來分析民眾的政治行為，相關的著作非常多。其中，自從 Campbell 等人（1960, ch.14）提出：民眾個人的經濟狀況，會不會與他在總統選舉時的投票抉擇相關聯的研究主題之後，經濟投票的相關研究成果非常豐碩[5]。除了投票抉擇之外，民眾對特定政策或是議題的立場與態度，也受本身自利的評估與算計所影響。例如，我們從近期 Bartels（2005）研究發現，在小布希執政期間曾經在 2001 年與 2003 年採取兩次大規模的減稅方案，儘管該政策實際上會加劇貧富差距，不過，一般民眾總是以自身賦稅負擔輕重來考量其對減稅政策的支持與否。雖然多數民眾擔心美國的貧富差距愈來愈嚴重，但是，基於減稅對其自利的後果，他們都支持減稅方案。從 Bartels（2005）上述的分析可以看出：即時且直接嘉惠個人的政策能贏得民心，但他也隱約指出民眾的短視近利。

　　因此，民眾對經濟利益的認知通常是影響其政治參與重要的因素。不

---

[3]　本段翻譯參考謝復生（2013，9）。
[4]　相關討論可以參考謝復生（2013）以及 Downs（1957）的專書。
[5]　相關文獻整理可以參考 Lewis-Beck and Nadeau（2011）；Linn, Nagler, and Morales（2010）。

過，從 Verba 等人（1995）的相關研究可以發現一個重要趨勢：經濟條件愈好的民眾，政治參與程度愈高。Campbell（2002）的研究則更為有趣，她指出：即使原本不傾向參與政治的低收入民眾，當利益與切身相關時，其政治參與的情況，反較他人為高。她觀察收入較低的民眾在與社會福利或是社會安全相關議題上的政治參與，反而較收入高者為高。此一結果顯示：民眾的自利傾向，可以跨越經濟資源多寡的障礙，左右其政治參與。Campbell（2002）的研究一方面呼應前述 Bartels（2005）的說法，另一方面則補充甚至是超越了 Verba 等人（1995）的研究發現。可見，「利害攸關」對選民政治行為的影響。

Erikson 與 Stoker（2011）則運用 Jennings 在 1965 年蒐集的高中生之定群追蹤（panel study）資料，分析在 1969 年尼克森政府採取以樂透抽籤的方式，決定徵兵的順位後，樂透的中籤順序是否影響這些男性的政治態度。他們發現：當徵兵順序較前面者，其態度上較為反戰、較為傾向自由主義、較為支持民主黨的候選人。此外，徵兵順位的影響，甚至超過他們是否具有實際參戰的經驗，且此一影響，連他們在成年之前已形成的黨派態度都會改變。由此可見，切身相關的利害經驗輔以參戰的高度風險，其對於個人的政治傾向具有深遠的影響。

當我們把注意的焦點，轉向兩岸關係的研究上，在討論民眾的「理性自利」，當以兩岸交流對民眾的經濟利益是否影響為討論重點。依據耿曙、陳映男與陳陸輝（2013）的分析：由於台灣民眾對於兩岸經貿，既希望「取那善果」（經濟利益）又期待「避那惡果」（以商逼政），此種「既期待，又怕受傷害」的複雜心態，使得民眾一方面希望因為兩岸經貿交流讓台灣商品得以進入大陸市場而獲利，但又怕因此讓台灣產業空洞化或過度依賴大陸市場而受害。甚至也擔憂因為兩岸交流而出現經濟利益的贏家與輸家，或產生「階級鴻溝」（林宗弘、胡克威 2011；耿曙、陳陸輝 2003）。兩岸經濟交流，除了經濟利益之外，其對國家尊嚴和國家安全的可能影響又該如何權衡？根據「新現實主義」觀點，國家安全是首要考量。國家間的經貿往來，必須服從各自的安全利益：它們會因為攸關生存的「相對獲益」（relative gains），而犧牲經貿帶來的「絕對獲益」

（absolute gains）。此外，民族國家也常以經貿依賴為手段，藉此控制其他主權國家。Hirschman（1945）所討論的二戰期間的德國，擅長以「經濟治術」（economic statecraft）遂行對鄰國的外交干預。但當「治術」的運用過於氾濫時，也恐招致其他國家的反制。蓋因經濟利得、國家財富或是戰略物資的累積或是喪失，與一國的生存安全息息相關。此類經貿與安全的兩難，充分反映在台灣民眾的兩岸立場上（吳玉山 1999b；Hsieh 1995）：台灣民眾既憂心過度依賴大陸，不利台灣的經濟安全（陳博志等 2002；童振源 2000）；也懷疑大陸會以經貿為要脅，脅迫台灣政治讓步，危及台灣政治自主（耿曙、林琮盛 2005；童振源 2003）。

　　上述相關研究從「理性自利」的角度，分析民眾是否因為（預期）在兩岸交流中（將）獲利或是受害，而採取特定的立場，甚至進一步影響其政治偏好。近年的研究成果顯示：民眾的教育程度、年齡世代、政治認同、階級身分、就業部門、甚至所在區域，都可能影響民眾的態度（陳陸輝等 2009）；另方面，由於對好壞得失的判斷，受制於認知角度，台灣民眾在面對上述抉擇時，認同經常超越利益，扮演決定性的角色（吳乃德 2005；耿曙 2009；陳陸輝等 2009；陳陸輝、陳映男與王信賢 2012；Huang 2015）。因此，妥適檢視民眾的利益算計如何影響其對兩岸交流的立場，將是本書第四章的分析重點。

二、符號政治、台灣民意與兩岸關係

　　「符號政治」的概念，乃 Edelman（1964, 1971）所首創。當一般民眾處於錯綜複雜的現實環境中，往往因為資訊紊亂而無所適從，但是，透過政治符號，民眾得以釐清方向並簡化複雜的社會世界，以削減內在的焦慮不安。從政治菁英的角度來說，他們藉著提供政治符號（諸如族群認同、團體歸屬或領袖依附等），以吸引民眾注意、動員民眾支持，甚至可以引領民眾獻身具有衝突甚至是暴力性質的群眾運動中。依據 Sears（1993）的整理，他認為 Edelman 的符號政治有六個主要命題：

（一）因為危機無所不在，所以民眾持續感受威脅並因此憂慮。故而造就

　　了民眾依附於抽象符號的需求，藉以減低其自身憂慮。

（二）政治世界複雜且是非對錯相當模糊，因此，民眾對於政治標的往往
　　　也擁有模稜兩可而非具體明確的偏好。這使得政府以及政治菁英可
　　　以運用民眾模稜兩可的政治傾向伺機操弄。

（三）政治符號雖是社會建構的，但他們往往是市井小民的希望、恐懼甚
　　　至是夢想的投射。

（四）Edelman（1978）特別強調政治菁英運用迷思（myth）、隱喻
　　　（metaphor）、投入（engagement）以及不同的政治語言（political
　　　language）來操縱或動員大眾。

（五）民眾的政治世界由一些簡單的迷思而取代。例如，仁慈的領導者可
　　　以拯救生民於水火、群眾或是團體服膺領袖就可以克敵致勝……等
　　　迷思，就頗具號召力。

（六）政治現實的核心是為團體爭取特定、可見的利益，不過，政治的
　　　「真實」本質卻是符號。

　　　因此，這些抽象卻有力的政治符號，簡化了政治世界，降低了民眾
的恐懼與對複雜政治世界的不確定感。符號政治認為我們很多「符號的
既有政治傾向」（symbolic political predispositions）是在早期政治社會
化過程中形成的。Sears（2001, 17）對於符號政治學提出以下五個命題
（propositions）：（一）我們可以確認哪些是對於成年人態度具有重要影
響的態度既有傾向（attitudinal predispositions），最強烈者稱之為「符號
的既有政治傾向」。（二）這些「符號的既有政治傾向」在每個人成年前
形成，其強弱度視其暴露在政治符號的頻率與符號內容的一致性程度而有
不同。（三）這些既存傾向在成年之後會相當穩定，而當一個與政治符
號相關的態度標的出現時，會喚起符號的既有政治傾向，讓人們據以評
估該標的。（四）政治符號喚醒既存政治傾向的程序是自動的且具情感
性的。（五）成本—效益的考量在這個「符號資訊處理程序」（symbolic
processing）中扮演的角色是相對而適中的。

　　　至於哪些是符號的既有政治傾向？Sears（2001, 18）認為它必須是穩

定的（stable）且可以制約（constraint）其他態度，並具有一定的影響力（power）。因此，種族議題的態度（Converse and Markus 1979; Jennings and Niemi 1981）、政黨認同（Campbell et al. 1960）、白人對平權法案的反對（Kinder and Sears 1981）等，都是屬於符號政治中的既有政治傾向。

　　根據 Sears 等人（1979）的分析，「符號政治」所討論的既然是個人政治既有傾向，其包括情感因素也有信念成分，雖然形成於早期社會化過程中，但經常是隱於內而不顯於外的。另一方面，個人對特定政治議題的「基本立場」，雖多於成年後逐步形成，但此類態度立場並非憑空而來，常是由接收資訊中的符號，「喚起」（evoke）或「啟動」（activate）記憶深層中相應的符號節點，終於形成其穩定不移的立場，甚或爆發出充滿情緒的回應，例如部分台灣政治人物過去經常訴諸的「悲情意識」、「少數危機」等（王甫昌 2003），此種暗示、反射的情感過程，一般人未必能夠意識得到（Sears 1993; Sears and Funk 1991; Sears and Kinder 1985）。以 Lau 與 Sears（1978）研究美國民眾對越戰態度為例，他們發現：相較個人與越戰的「利害連結」（如親友是否被派往前線）與個人對戰爭的「基本信念」（如保家衛國的神聖使命），前者遠不如後者有力。Sears、Hensler 與 Speer（1979）對「以巴士載運學童就學」（busing）[6] 議題的研究，同樣發現美國白人的政治立場，深受符號政治所左右。

　　本書認為，兩岸自 1949 年以來的長期對峙雖然在 1987 年開放探親後，隨著社會與經濟的密切交流讓兩岸關係出現轉變的契機，不過，在1996 年總統選舉前，中國大陸的導彈試射所帶給台灣軍事威脅、2000 年總統大選前中國大陸總理朱鎔基的發言、2019 年年初中國大陸國家主席習近平提出的「一國兩制台灣方案」以及同年六月香港發生的「反送中」運動，都讓台灣民眾對中國大陸的態度變得更為複雜。而兩岸關係又與台灣主要政黨的統獨立場，以及台灣民眾的台灣人／中國人自我認同息息相

6　為了避免種族隔離，讓就學的學生具有更多元的背景，美國政府將中小學的學區劃得較為狹長或是寬廣，讓其包括不同社經地位或是族裔背景的學生，以希望消除種族隔離的問題。因此學校會離部分學生居住的地區較遠，各學校於是提供免費校車載運學童就學。

關，政黨認同或是台灣人認同都具有「符號的既有政治傾向」的特質。也使得國內符號政治學在兩岸關係的研究上，多從台灣認同的角度分析民眾對兩岸關係看法或是對選舉政治的影響（Achen and Wang 2017）。吳乃德（1992）先以台灣認同爲起點，分析民眾在面對外在情境時，可能因爲考量不同，而對於兩岸關係的態度會產生影響。他指出：「雖然對某一個國家的認同經常導致對它的選擇，可是也有可能受到現實條件的限制，而對這個國家的選擇有所保留。認同台灣國家的人，可能會因現實條件（如中共的武力威脅）而暫不選擇同意台灣獨立」（吳乃德 1992，40）。另一方面，陳義彥與陳陸輝（2003）則從展望理論（prospect theory）的角度出發，他們認爲：面對充滿不確定性的「統一」或「獨立」等未來選項，民眾基於趨利避害的心理，經常會保守地選擇改變現狀最小的模式。

因此，爲解析不同情境下，民眾實際統獨的偏好所在，吳乃德（1992，1993）透過條件式問句，將「現實條件」析離，藉此區辨「理性」與「感性」的影響，並將台灣民眾的兩岸政策立場，區分爲「中國認同、台灣認同、現實主義、保守主義」（吳乃德 1992）與「台灣民族主義、實用主義、中國民族主義」（吳乃德 2005）等不同立場。Hsieh 與 Niou（2005）也融合「理性」與「感性」因素，將台灣民眾對兩岸關係的立場，區分爲「強烈支持獨立者、稍微支持獨立者、維持現狀者、稍微支持統一者、強烈支持統一者」五類。朱雲漢（Chu 2004）則更細緻地將「理性」與「感性」交叉，並區分出九類不同立場。至於耿曙、劉嘉薇與陳陸輝等人（耿曙、劉嘉薇與陳陸輝 2009；劉嘉薇、耿曙與陳陸輝 2009）後續的研究，也以條件式問句析離民眾的統獨立場以及認同因素對於民眾統獨立場的可能影響。劉嘉薇（2018）分析民眾媒體選擇對其統獨立場之影響。陳陸輝及其同僚後續的研究，則從符號政治的角度，分析政治認同對於民眾在兩岸經貿交流（陳陸輝、耿曙、涂萍蘭與黃冠博 2009）態度的影響，他也進一步分析不同的條件式統獨立場對民眾在 2012 年與 2016 年總統選舉投票行爲的影響（陳陸輝 2018）。此外，近年來關於兩岸接觸經驗對於台灣民眾對台灣認同或是對大陸的形象有何影響的相關研究中，陳陸輝與周應龍（2013）從民眾認爲中國大陸政府對我善意與否的角度，

分析其對台灣民眾台灣人認同的影響，他們發現：當民眾認為大陸對我人民不友善時，愈傾向認同自己是台灣人。王嘉州（Wang 2019）的研究則觀察台灣大學生利用寒暑假到大陸交流的可能政治後果，他發現：台灣學生前往大陸交流之後，會降低其對台灣的認同。吳重禮（Wu 2019）則以民眾對中國大陸、大陸觀光客、大陸電子產品、大陸旅遊經驗以及大陸領導人的整體印象來建構的民眾對中國大陸印象的指標，他發現：當受訪者願意讓他們子女前往大陸就學或就業以及願意他們嫁娶大陸民眾時，對中國大陸印象較佳。不過，如果以較為嚴格的統計檢定水準（雙尾檢定，$p < 0.05$）來看，民眾自己赴大陸的次數對他們的中國印象就沒有顯著的影響。

　　因此，我們在理解台灣民眾對兩岸關係的態度與看法時，民眾的感性認同應該是我們分析的重要起點，也是不可或缺的重要面向之一。在本書將在第五章針對此一面向繼續深入分析。

三、政治情緒、台灣民意與兩岸關係

　　政治情緒（political emotions）是近年來相當受到重視的研究領域，情緒對於塑造公民參與政治的能力與動機極為重要。有關情緒（emotion）對於政治的影響，早期因為被所謂前述的「理性」（rational）思考視為對立面，而受到零星的關注。且情緒的思考與行為一旦被視為不理性，似乎與講求客觀、理性的思維及決策背道而馳。不過，Brader 與 Marcus（2013）指出：過去二十年來，有關情緒與政治相關的著作如雨後春筍般地出現在相關的期刊。究其原因，情緒與人類生活密切相關，甚至其與理性決策與行動也有重要關聯。在兩岸特殊的歷史脈絡下，以及台灣自從民主化以來，國內的政黨互動以及與中國大陸之間的愛恨情仇，都讓民眾對於中國大陸充滿了各種政治情緒。因此，要討論台灣民眾在兩岸關係的態度時，必須從政治情緒的角度切入，才可以獲得更深入的理解。

　　Brader（2014, 194）認為，情緒的功能在於它可作為動機的趨力（motivational impulses），而能讓我們察覺外在環境是持續或變遷。當外

在環境一如往常時，情緒可以讓我們依照例行模式順利且有效率地處理每天例行事務；而當外在環境出現變化時，情緒偵測到異常時會協助我們即時因應對我們可能不利的各種情況，採取適當的對應措施。一反過去傳統通常將情緒與理性視爲對立兩端，Marcus、Newman 與 MacKuen（2000）指出：情緒在提供我們對於環境的警覺以及啓動例行性的工作上，具有重要功能。當環境出現與我們過去經驗不相同的可能危險的情況時，情緒會給予我們立即的示警。其感知時間的快速，甚至是在我們意識還未察覺前，即有回應。而當外在環境一如往常時，情緒就會讓我們以過去的經驗與習慣回應所處情境。

有關情緒的研究近年受到神經科學的影響，而有重要的發展。情緒的種類不少，我們可以簡單分爲正面的情緒與負面的情緒。Lazarus（1991, ch.6-7）將正面情緒區分爲快樂（happiness/joy）、驕傲（pride）、愛（love/affection）、鬆一口氣（relief）。負面情緒則包括憤怒（anger）、焦慮（anxiety/fright）、罪惡感（guilt/shame）、沮喪（sadness）、嫉妒（envy/jealousy）以及噁心（disgust）。Fiske 與 Taylor（2017, 368-371）則從情緒持續長短、強度以及複雜性等角度，將正面令人愉悅（pleasantness）情緒與負面讓人不舒服（unpleasantness）情緒加上的投入程度（engagement）多寡的面向，將情緒放在這兩個面向上的不同位置。她們認爲：我們日常生活中，正面的情緒原本就比較多一點（即 positivity bias 或是稱之爲 Pollyanna effect），且正面情緒，如：驕傲或是開心，相對比較單純或相似，但是負面情緒，如：憤怒、悲傷、噁心，則較爲複雜多樣，且會因人或環境的不同而變化。Brader（2014, 195-196）指出三種最常見也被學者研究較爲深入的情緒：當我們持續向目標前進時，我們有覺得充滿熱情（enthusiastic）與活力的（energized）正面情緒。當我們覺得情況有異而出現可能危險，會危及安全時，我們則感到焦慮（anxiety）或是恐懼（fear）。例如，在 2020 年全球爆發的新冠肺炎（COVID-19）時，當人們目睹新冠病毒早期的快速傳染情況及其死亡率遠較流感爲高，但疫苗卻仍要花將近一年到一年半的期間研發。當民眾面對這些種種的不確定，自然憂心不已（Erisen 2018）。而看到 3、4 月份紐約州每天數百

人以上的死亡數字，更令人們感到恐懼。此外，如果有人故意在我們與我們所期待的目標之間設下障礙，我們會非常憤怒（anger）。例如，美國總統川普在 2020 年年初，屢屢誇耀其任內失業人數低，股市展現空前高點的經濟盛況，且面對可望被民主黨提名的候選人並不亮眼，自己年底選舉應該是勝券在握。但自 3 月後新冠肺炎疫情爆發，股市多次因為暴跌而啟動熔斷機制，失業人口更創新高，因此，在 2020 年 3 月份後，他開始指責新冠肺炎的病毒係從中國大陸而來，且認為中國大陸疏於通報始造成美國疫情大流行。川普總統的憤怒，不僅因為疫情影響其連任之路，他更希望透過焦點轉移，讓民眾眼中「具體的敵人」從他的行政團隊轉變為中國大陸，讓國內將因為「居家令」而造成經濟發展停滯的罪魁禍首指向中國大陸，藉以讓民眾對其行政團隊早期處理的不滿轉移至對中國大陸的憤怒。

　　另外像是難過（sadness）、噁心（disgust）、驕傲（pride）以及羞愧（shame）等情緒都有不同的成因與行為後果。Marcus 與 MacKuen（2001）採用 Gray（1981）提出的情緒與人格理論，詳細說明以下兩個系統。首先是行為取向系統（behavior approach system），它是當我們基於過去的記憶知道特定行動會成功時，行為取向系統會給予得意、熱情以及喜歡的情緒。至於行為抑制系統（behavior inhibition system）則是當我們面對外在新的刺激與我們既有的預期出現落差時，我們會出現焦慮與緊張的情況。

　　儘管在一般的情況下，民眾總是較多一點正面的情緒（Fiske and Taylor 2017; Sears 1983），但在相關的研究中，民眾的負面情緒似乎更受到重視。Soroka（2014）也認為，人類基於演化以及適者生存的必要，因為外在環境的負面資訊也許會危及我們的安全乃至生存，自然會特別受到注意。所以，人類在決策時，往往給予負面相關的資訊或是情緒，較大的權重。因為，當我們面對不確定以及可能產生傷害的情況時，我們的憂慮情緒是提供我們自我保護的重要生物本能。Marcus 與 MacKuen（2001）以及 Brader（2014）特別指出：焦慮對民眾的政治行為具有重要的影響。他們發現，當民眾對特定候選人感到焦慮時，他們會開始蒐集相關資訊。而 Marcus 與 MacKuen（2001）發現：民眾焦慮時傾向採取議題投票而非

依照政黨傾向決定其投票方向。

　　Marcus、Neuman 與 MacKuan（2000, 80-87）的研究發現：民眾對候選人的焦慮以及熱情與其政治關注有關聯，即使在控制其他變數之後，對候選人的焦慮與熱情會提高他們對選舉、誰會當選、以及大眾媒體的關注。不過，他們（Marcus, Neuman, and MacKuan 2000, 87-89）也發現：焦慮比熱情的影響力更為顯著，而在檢視兩種情緒對於正確認知兩黨候選人政策立場時，焦慮具有顯著的作用而熱情則無。不過，Rudolph、Gangl 與 Stevens（2000）的研究則進一步指出：當民眾的內在政治效能感高時，其焦慮會增加他們的政治涉入。Valentino、Gregorowicz 與 Groenendy（2009）則認為，內在效能感對民眾的憤怒情緒具有影響，但無法左右其未來的政治參與。Huddy、Feldman 與 Cassese（2007）研究美國民眾對波斯灣政治的支持時，他們發現，當民眾感到憤怒時，他們傾向認為戰爭的風險較低，且會支持軍事干預。相對地，當他們感到焦慮時，則傾向認為戰爭風險較高且對戰爭的支持度較低。

　　除了負面情緒外，正面情緒也有一定的政治後果。Just、Crigler 與 Belt（2007）認為有關未來取向的希望（hope）以及恐懼，都會促使我們蒐集資訊，不過，希望與另外一個正面情緒——熱情——卻有一定區別。他們發現，具有希望情緒的民眾，更傾向觀看 1996 年總統大選的兩黨黨代表大會及秋季時段的競選相關新聞。

　　相較於前述的感性認同，政治情緒與其差異何在？Augoustinos 等人（2006, 186）認為：「認同讓我們在不同人類的群體世界中找到定位，它關注的是我們屬於或是不屬於某個社會團體或是社會類別。我們的認同程度受到這些團體對我們的重要性以及我們對這些團體的黏著度所影響」[7]。因此，如果套用社會認同理論（social identity theory），一個人的自我形

---

[7]　論者建議以心理學家 Kahneman（2011）的「快思」（fast thinking）作為類似「感性認同」的概念，「慢想」（slow thinking）作為「理性利益」的機制。相關的討論可以參考 Fiske 與 Taylor（2017）的第二章。Fiske 與 Taylor 基本上將 Kahneman 的兩個系統均歸類為認知，她們有另外有兩個專章（第十三章與第十四章）專門討論情緒與認知之間的關係。因此，本研究才將「理性利益」、「感性認同」與「政治情緒」分開處理。在此特別感謝審查人的建議。

象是從他認為自己歸屬的社會類別（social categories）而來，個人希望維持或是強化自尊，擁有正面形象，他們透過比較自己所屬的社會團體（in-group）或類別與外團體（out-group），以所屬團體的優越感提供了對自己的正面評價。當然，如果原認同的團體無法提供同樣的功能，使其喪失優越感時，他會離開原有團體而加入更受正面評價或是有較高優越地位的其他團體（Tajfel and Turner 1979, 40）。

　　我們先以選舉政治常用的政黨認同來說明認同這個概念在政治學研究的應用。所謂「政黨認同是測量個人對政治參考團體歸屬感的一個態度變數」（Abramson 1983, 71），根據《美國選民》（The American Voter）一書作者們的看法，政黨認同「是一個心理上的認同，它的持續不需法律的認定或是成為正式黨員，甚至不需要有持續政黨支持的紀錄」（Campbell et al. 1960, 121）。在歷經長期兩黨制且定期選舉的美國，政黨認同具有幾個特性。首先，大多數民眾都擁有政黨認同，且政黨認同跟種族態度或是宗教信仰一般是相對穩定的。其次，在各種政治態度中，政黨認同是很早就形成的，且往往是透過家庭的政治社會化過程予以傳遞。此外，選民一旦形成政黨認同，會隨著年紀增長而加深它的強度（Campbell et al. 1960）。當然，政黨認同的重要性，除了它本身對選民投票行為具有直接的影響外，它也影響其他決定投票行為的重要因素，例如，它影響選民對候選人的評價或是對議題的立場（Niemi and Weisberg 1993, 210）。因此，擁有政黨認同的民眾就像戴上有色眼鏡，不同認同者看到的政治世界是彼此不同的。美國民眾對政黨的認同，除了家庭社會化的代間傳遞之外，也可以說是他們在比較兩個政治團體之後的選擇。舉例而言，往往認同民主黨者支持大政府的概念，希望有更完善的全民健保，更照顧一般民眾的社會福利措施。共和黨認同者則希望一切讓市場機制決定，包括民眾的健康保險。不同的民眾透過比較之後選擇了理念相近的政黨，歷經不斷的選舉競爭與議題交鋒，強化或是弱化自己的既定認同立場。強化者認為自己政黨各方面表現優於對方政黨，弱化者則反之，如同 Fiorina（1981）所說的，民眾的政黨認同會隨著政黨執政表現的優劣而持續更新。政黨認同弱化者也許轉而變成沒有政黨認同的獨立選民（independent）甚至轉向

支持對方政黨。因此,透過對外在政治團體的分類、比較,民眾選擇自己的政黨(不)認同。

當然,民眾對於所屬團體也許具有一定的情感,如上述的政黨認同。但也可能如 Tajfel 與 Turner(1979)所進行的實驗,讓受試者跟團隊成員沒有任何互動、無法分配其給予其他參與者的報酬、跟對方團體沒有過去衝突的情況下,僅以隨機指派的方式區分組別(minimal groups),就會產生受試者個人給予自己所屬團體較佳報酬之內團體偏私(ingroup-group bias/in-group favoritism)。因此,分類(劃分所屬團體)、比較以及團體的優越感,讓個人對所屬社會團體的認同得以延續。當然,在現實的社會中,一個人願意歸屬特定的社會團體,除了理性的計算外,也可能具備感性的考量。

整體而言,情緒與認同兩者之間具有一定的差異。我們整理 Fiske 與 Taylor(2017, 418)比較情緒與認同的差異,歸納出兩者在起源、功能以及持續性等面向的差異。首先,就起源來說,她們認為,情緒是關注個人自己主觀的經驗,而非外在的既存對象。情緒也是被動回應外界的刺激,但人們過去的經驗與感受則是其認同的來源。因此,情緒比較著重的是個人生理經驗,而不僅止於環境的刺激。認同則是對外在世界的標的物(團體)比較而來。所以,我們可能一夜好眠這種主觀經驗,而有心情愉悅的一天。但卻要在自己政黨持續贏得選舉後,認同感才會更加堅定。就功能來說,情緒會影響到我們對真實的認知,例如,當我們憂心時,會杯弓蛇影覺得外在世界充滿威脅;但是思考或是認知,則有很大一部分是遷就於客觀的事實,例如,你所認同的球隊(例如,你是金州勇士隊的球迷)要是(持續)落敗的話,在你面對這個客觀事實後,對球隊認同或是死忠誠度也可能隨之變化。以台灣的選舉政治來說,曾經在 90 年代具有一定影響力的新黨,當時擁有數量不少的認同者,但是在選制改變以及重要黨內人士相繼出走後,該黨無法在選舉中獲得穩定支持而逐漸式微,其認同者也隨之潰散或是轉向其他政黨。情緒能協助我們定義自己,但是(社會)認同則幫助我們定義人類世界(的群己關係)。此外,就持續長短而言,情緒相對短暫,但是認同卻對團體有一定的黏著度(attachment),

因此，相對之下，情緒可能即時翻轉，但認同則是較為長期的而穩定的。

　　國內運用情緒政治學討論兩岸關係者並不多見，徐火炎（1996）提出「李登輝情節」是台灣政治情緒的重要發軔，在「台灣選舉與民主化調查」（Taiwan's Election and Democratization Study, TEDS）的 2012 年（TEDS2012）與 2016 年（TEDS2016）總統選舉的資料庫中，也有情緒政治學相關的測量題目及研究成果（徐火炎、陳澤鑫 2014），這些多歸功於 TEDS 研究團隊及徐火炎教授在此一領域的長期耕耘。陳陸輝與陳映男（2014，2016）曾利用橫剖面資料從情緒的角度，分析大學生對中國大陸與台灣的情緒對其兩岸經貿交流態度的影響，他們發現台灣的大學生對台灣的憤怒與對中國大陸的憤怒，讓他們反對《兩岸服貿協議》，不過當他們對中國大陸抱持希望時，仍支持兩岸服貿協議。因此，中國大陸的崛起及繁榮與發展，既讓台灣的大學生對現況感到憤怒，卻也對中國大陸充滿憧憬。正因為台灣民眾對中國大陸的情緒相當複雜，相關的研究也因應而生。關弘昌（2018）的研究著重在 1977 年出生後的青年世代民眾，他發現：青年世代對於中國大陸的好惡程度，會影響他們對兩岸經貿交流的態度，不過，去過大陸的次數或是自己與家人是否打算或是已經在大陸就學或是就業，則無影響力。王嘉州（Wang 2018）則以對大陸政府的喜好程度為關注焦點，他指出：民眾的台灣人認同、曾赴大陸、打算赴大陸就業以及台灣認同與政黨認同，都是影響他們對大陸政府喜好程度的因素。

　　國內學者近年來針對兩岸關係與台灣民意的研究著作頗多，初步發現：理性的計算與感性的認同皆有其影響力。國外學者的研究發現：希望、熱血與驕傲等正面情緒，以及擔心、害怕與憂慮等負面情緒對於民眾政治態度、政策偏好與政治行為之影響（Marcus, Neuman, and MacKeun 2000）。正因為兩岸特殊歷史背景，讓兩岸相關的議題上，民眾的情緒反應，會左右兩岸關係。例如，所謂的「傾中賣台」是擔心與中國大陸經濟關係甚至政治關係太過密切，而喪失台灣的主權。在兩岸經貿交流熱絡而密切的同時，也可能會招致「以商逼政」及「以民圍官」最後進而兩岸統一的憂慮甚至憤怒。另外一方面，將中國大陸視為「世界市場」的觀點，則是著眼大陸經濟成長所帶來的契機與希望。當然，民眾對於台灣現況的

沮喪或是難過的悲觀情緒，以及對台灣充滿希望的正面情緒，也都會影響民眾對兩岸交流的態度。

　　本書將綜合上述的理性自利、感性認同以及政治情緒三個面向，檢視不同面向對台灣民眾在兩岸交流立場上的差異。除了過去的「愛情與麵包」的相關研究外，本研究試圖進一步開展政治情緒在兩岸關係研究的新領域，運用實證資料瞭解情緒對兩岸關係的政治影響力。

Chapter 3

按圖索驥：
研究設計、研究資料
與概念測量

　　本章將說明本書的研究設計、運用的研究資料以及相關概念的測量。由於國內有系統地針對台灣民意對兩岸關係影響的系統性調查研究資料並不多見，因此，本書將儘量蒐集資料內容與本研究理論架構較為一致以及跨年問卷題目較為類似者進行分析。

壹、研究設計

　　本書從民眾的理性自利、感性認同以及政治情緒等面向，分析上述三類因素對於民眾在兩岸經貿交流的態度是否有所影響。

　　在理性自利方面，將運用經濟投票相關理論，檢視民眾預期在兩岸經貿交流過程中其自我認知為即將獲利或是受害。依照國外經濟投票的觀點，選民「不是傻瓜」，他們會以執政表現的回顧性（retrospective）評價，以繼續支持來獎勵做得好的執政黨，否則就以不支持表示懲罰（Key 1966），而 Fiorina（1981, 84）的專書中，甚至將密西根學派最看重的政黨認同也視為「對政黨承諾或是表現的回顧性評價的加總」。因此，對於兩岸經濟交流的回顧性評價將是本研究分析的重點之一。不過，也有學者強調對於未來可能的展望性評價較為重要。例如，Downs（1957, ch.3）雖認為選民將在比較兩黨當選後（未來）對其預期利益的可能影響的差異後，選擇讓其獲利較大的政黨，此理性預期的思路即屬於展望型（prospective）投票。正如 Miller 與 Wattenberg（1985, 370）所言，對現任者競選連任來說，Key（1966）所強調的回顧型投票頗為適用，但如果運用 Downs（1957）的展望性評估，則對提出願景的挑戰者更為合適。儘管如此，Downs 在該章節也說明，選民會以執政黨的表現，或是假設在野黨若是執政的表現，以兩者的差異決定投票對象。當然，學界也有相當多的著作，強調選民是展望未來的（Achen 1992; Lockerbie 1991; MacKuen, Erikson, and Stimson 1995）。

　　當然，與經濟投票相關的另外一個面向，是選民以國家社會整體經濟好壞來決定投票（sociotropic voting）或是以個人經濟得失來決定投票

（egocentric voting）（Kinder and Kiewiet 1979; Lewis-Beck and Paldam 2000）。從理性預期的角度來說，個人經濟上的利得應該較為關鍵，且 Achen（1992）認為：逝者難追，未來可期，所以主張展望性的投票才更符合理性的假設。不過，前述 Kinder 與 Kiewiet（1979）的研究卻說明，國家總體的經濟情況卻比個人經濟上的得失更為關鍵。從 Lewis-Beck 與 Paldam（2000）整理國外的研究發現大致印證 Kinder 與 Kiewiet 的觀點，Lewis-Beck 與 Stegmaier（2000）也認為選民基本上是以回顧的國家社會整體經濟為投票時的參考依據。當然，例外情況也所在多有。例如，除了完全以理性利得計算之外，Conover 與 Feldman（1986）的研究就指出，當民眾對自己的經濟情況出現情緒反應時，個人經濟的利弊得失也會對其政治行為產生重要的影響。而 Anderson 與 Hecht（2012）以 2009 年德國的聯邦眾院選舉研究也發現：全球第四大經濟體德國，因為美國的金融危機，在全球化的牽動下，使德國的經濟也受到重大影響。不過，他們卻發現選民認為經濟情況好時，未必會支持執政黨，但當經濟情況，特別是個人經濟情況變糟時，會轉而支持在野黨。

　　本研究不同於其他經濟投票的研究，而將聚焦在民眾對兩岸經濟交流對台灣整體經濟以及其家庭經濟影響的評價，是否左右其兩岸交流的立場。這一方面主要是從兩岸「經濟熱、政治冷」的特殊關係出發，分析在經濟上的理性計算是否對於其兩岸交流的立場產生可能的影響。另一方面，因為兩岸經濟交流議題與選舉政治相關，對我們進一步理解台灣的選舉政治多所助益。

　　在分析台灣的選舉政治中，Achen 與 Wang（2017）在其所合編的《台灣選民》（The Taiwan Voter）一書指出：認同政治是解析台灣選民不可忽略的重要關鍵。本研究依循符號政治的研究傳統，將台灣民眾的諸多政治態度中，相對來說，較為穩定的相關態度或是政治傾向納入，用以解析民眾的感性認同。本研究將整理民眾對藍綠政黨的認同、統獨立場以及台灣人認同三個重要因素，對其兩岸交流立場的影響。台灣民眾的政黨認同與《美國選民》研究發現的成果類似，都是一個（最）重要的政治認同。Abramson（1983, 71）指出：「政黨認同是測量個人對政治參

考團體歸屬感的一個態度變數」，這個政治參考團體的歸屬感在美國穩定的兩黨政治中，扮演著重要的角色。根據《美國選民》一書作者們的看法，政黨認同「是一個心理上的認同，它的持續不需法律的認定或是成爲正式黨員甚至不需要持續的政黨支持的紀錄」（Campbell et al. 1960, 121）。政黨認同能夠持續在美國選舉研究中占據重要的地位，主要在於其具備幾個重要的特性。首先，相對於其他政治態度，政黨認同高度穩定（Jennings and Niemi 1981; Markus and Converse 1979）。其次，在各種政治態度中，政黨認同是很早就形成了。此外，選民一旦形成政黨認同，會隨著生命週期而增加它的強度[1]（Campbell et al. 1960）。當然，政黨認同的重要性，不僅止於它對選民投票行爲的直接影響，還包括它對其他決定投票行爲的重要因素的影響（Miller and Shanks 1996; Niemi and Weisberg 1993, 210）。更重要的是，大多數美國選民都擁有政黨認同，加上政黨認同相當穩定，所以，政黨認同在解釋選民的投票行爲以及政治秩序上，扮演著重要的地位。在台灣的選舉研究中，首先對政黨認同這個概念提出測量的學者爲劉義周（1987），不過，在早期的測量方式與美國並不同。因爲若將英文直接翻譯爲中文，政黨認同的測量問題，會讓選民弄不清楚研究者要詢問的是選民個人客觀的黨籍還是他們主觀的認同。儘管如此，台灣選舉研究中運用政黨認同相關的概念所進行研究的作品相當多，其涵蓋的主題包括：政黨認同的測量（measurement）（何思因 1994；何思因、吳釗燮 1996）、哪些因素影響民眾的政黨認同（Hsieh and Niou 1996；吳乃德 1992，1994；徐火炎 1992，1993；何思因 1994；陳陸輝 2000；游清鑫 2002）、政黨認同分布的穩定程度（stability）（何思因 1994；陳陸輝 2000）、政黨認同對於其他政治態度的影響（徐火炎 1992，1993；盛杏湲 2002，2010）、政黨認同對於選民投票行爲的影響（徐火炎 1991，1992，1993，1998；何思因 1994；朱雲漢 1996；陳陸輝 2000；Liu 1996）、對獨立選民的相關研究（何思因、吳釗燮 1996；莊天

1　有關生命週期以及世代差異對政黨認同的影響，在美國學界有諸多討論。參考 Abramson（1989）。

憐 2001；吳重禮、許文賓 2003；王中天 2010）以及特定政黨不認同（莊淑媚、洪永泰 2011）。本研究涵蓋的時間為 2001 年之後，那時台灣政壇習慣以「泛藍」，包括國民黨、新黨、親民黨以及無黨團結聯盟；以及「泛綠」，包括：民進黨、建國黨、台灣團結聯盟、時代力量以及台灣基進。因此，本研究將以泛藍、泛綠兩個陣營，分析不同政黨陣營的民眾對兩岸交流的立場。至於民眾的統獨立場以及台灣人自我認定這兩個變數，本書的第二章中的文獻檢閱中已經談到相關的影響。我們也將分析他們對於民眾兩岸交流立場的差異。

　　當然，除了理性自利與感性認同之外，順應國外情緒政治學的興起，本研究也將解析民眾對於中國大陸的政治情緒，對於其兩岸交流立場的影響。在第二章整理兩岸交流互動的相關歷程中，我們可以發現：在1996 年總統大選前，中國大陸對台灣採取飛彈試射的「武嚇」以及 2000年總統大選前中國大陸國務院總理朱鎔基在第九屆全國人大第三次會議記者會上，以強硬的口吻表示：「誰要是搞台灣獨立，你就沒有好下場」的文攻（許志嘉 2006），這些都引起民眾對於中共產生一定程度的反感。民眾在面對兩岸關係的問題時，不但要考量兩岸交往之後可能的利得或是損失，還必須思考自己的政治認同以及理念與兩岸關係之間的互動往來是否維持一定的和諧，歸根結底，民眾情緒上對於中國大陸的好惡，也可能會左右他們的政策立場。

　　因此，本研究的架構將在以下各章分別處理以上三個面向的各個變數，對於民眾兩岸交流立場的影響。

貳、研究資料

　　有關台灣民眾與兩岸關係的民意調查資料，過去有系統性地針對該主題進行的民調並不多。Arian（1995）曾經針對以色列民眾對於戰爭與和平的立場持續加以觀察。政治大學選舉研究中心過去經由陸委會的委託，長期針對台灣民眾進行兩岸相關議題的民意調查，我們從第一章的圖

1-1 中也發現其呈現的若干趨勢。不過,由於陸委會所執行的歷年民調資料並未開放供學術使用,因此,本研究轉而以筆者(陳陸輝 2008)過去曾經在國科會(現爲科技部)執行的研究案中,包括兩岸關係的調查案爲其中之一的資料來源(NSC2008)。此外,本研究主要仰賴美國杜克大學亞洲安全研究中心在 21 世紀初由牛銘實教授持續委託政治大學選舉研究中心進行的「兩岸關係與國家安全」(Taiwan National Security Surveys, TNSS)[2]。該民意調查研究案在資料經過加權以及檢誤之後,即公開其調查結果供大眾使用,有許多的題目與本研究密切相關,調查機構單一、問卷題目也較爲一致,本研究將大幅仰賴該資料。以下說明本書使用的資料。

表 3-1　本書使用的資料清單

調查時間	(樣本數)	資料來源	資料代號
2004 年 5 月 1 日～8 日	(1,484)	兩岸關係與國家安全	TNSS2004
2005 年 5 月 27 日～31 日	(1,221)	兩岸關係與國家安全	TNSS2005
2008 年 3 月 1 日～4 日	(1,470)	國科會計畫	NSC2008
2012 年 10 月 22 日～29 日	(1,075)	兩岸關係與國家安全	TNSS2012
2016 年 11 月 18 日～22 日	(1,069)	兩岸關係與國家安全	TNSS2016

資料來源:作者整理。

　　表 3-1 中的五筆研究資料,皆由研究計畫主持人設計完問卷之後,交由政治大學選舉研究中心以電話訪問執行調查。訪問對象以設籍在台灣地區且年滿 20 歲以上的成年人爲母群體。電話訪問的母群體清冊(frame)是該年度最新的中華電信住宅電話號碼簿,按照各縣市比例以「機率與大小成比例抽樣法」(Probabilities Proportional to Size,簡稱 PPS)抽出局碼,再以隨機亂數產生電話號碼的最後四碼或是最後兩碼來製作電話樣本。運用末四碼或是末兩碼隨機的方式,雖然會有較高的空號率,不過,

---

2　該資料可以透過以下的連結,填寫完申請表之後取得。https://sites.duke.edu/pass/taiwan-national-security-survey/。

可以涵蓋到更多住宅電話沒有登錄的民眾，樣本的涵蓋率較佳（洪永泰、黃永政 2000）。在接通電話開始訪問之前，訪員會詢問該電話號碼家中的成年人口，再按照洪永泰教授所建立的洪氏戶中抽樣原則，抽出應受訪的對象再進行訪問。戶中抽樣的目的在於讓訪問結束後，會以當年度可取得最新的人口統計資料，進行性別、年齡、教育程度以及居住地的樣本檢定，檢定未通過者，即以「多變數反覆加權」（raking）的方式進行加權，讓樣本結構與母群體結構一致。本研究所有使用資料皆經過上述程序處理，讓樣本的涵蓋率更佳，且樣本結構更能反映母群體。

參、主要概念的測量

本研究將運用上述多筆資料進行分析。主要的依變數為民眾對於兩岸經貿交流的立場。在 TNSS2004 與 TNSS2005 的調查中，該研究的題目為：

有人認為台灣應該加強與大陸的經貿關係，因為這樣可以幫助台灣的經濟成長；也有人認為台灣應該降低與大陸的經貿關係，不然會影響台灣的國家安全。請問您比較同意哪一種觀點？

而在 NSC2008 的調查中，該研究的題目為：

請問您認為政府對兩岸經貿交流的政策，應該比現在更加開放還是加強管制？

在 TNSS2012 與 TNSS216 的調查中，該研究的題目為：

我們社會上有人主張應該加強與大陸的經貿關係，有些人主張應該降低，請問您比較同意哪一種看法？

五個年度的測量雖略有差異，但主要在詢問民眾對兩岸經貿交流的態度，所以與本研究關注的焦點一致，故選擇其作為本研究的依變數。

　　在本研究的主要自變數方面，有關理性自利部分，以民眾認為兩岸經貿交流對台灣整體經濟以及個人家庭經濟影響為主要重點。因為NSC2008 的資料執行時間在 2008 年 3 月初總統選舉之前，兩岸大幅的交流並未開展。因此，我們用以下的問題詢問民眾設想兩岸經貿交流後可能對台灣經濟產生的影響：

　　　　如果政府完全開放兩岸經貿，請問您認為台灣的經濟情況會變
　　　　得更好、更差，還是差不多？

這一個測量，參考經濟投票的相關文獻，比較屬於是展望性的總體經濟評估，主要是想掌握民眾對於兩岸各項經貿交流與協議可能開展後的期望。在馬英九總統上任之後，民眾對於兩岸經貿交流所帶來的後果如何評價？TNSS2012 以回顧性的總體經濟評估為方向，具體的測量如下：

　　　　請問，您認為和中國大陸做生意對台灣的經濟發展有沒有幫
　　　　助？

到了 2016 年，在蔡英文總統當選之後，當中國大陸的國台辦認為蔡總統在就職典禮上並未針對「九二共識」具體表態，而以「未完成的答卷」回應時，兩岸關係是否會變得較為緊張？其對台灣未來總體經濟發展的可能影響如何？故 TNSS2016 用以下的題目詢問受訪者：

　　　　請問，如果將來兩岸的關係變得比較緊張，您覺得台灣的經濟
　　　　狀況會變得比較好、比較差、還是沒有影響？

　　至於民眾個人經濟情況，是否會因為兩岸經貿交流而有所影響？我們在不同年度運用以下的題目進行分析。在 NSC2008 時是用以下的題目：

如果政府完全開放兩岸經貿，請問您認為您個人的經濟情況會變得更好、更差，還是差不多？

至於在 TNSS2016 時，也以未來兩岸關係變化可能造成的影響為焦點：

請問，如果將來兩岸的關係變得比較緊張，您覺得您家裡的經濟狀況會變得比較好、比較差、還是沒有影響？

　　在三個年度的問卷題目，因為兩岸經貿交流的熱絡程度有所不同，因此，問卷題目按照當時的情境加以設計，而 2012 年並未針對受訪者個人的經濟情況加以評估。在第四章分析時，我們將民眾對兩岸經貿交流後果的利害評估作為自變數，主要區分為認為經貿交流讓台灣／個人獲利（讓國家／個人經濟變得比較好）、受害（讓國家／個人經濟變得比較差）以及沒有具體立場三類，分析其對民眾兩岸交流立場的影響。該章節也將納入其他重要的控制變數，包括受訪者的性別（以女性為對照組）、年齡（以及年齡平方）、父親籍貫（以本省閩南為對照組）、教育程度（以國小教育程度為對照組），檢視理性自利對民眾兩岸交流的影響。有些研究會納入受訪者去到大陸的經驗或是自己或家人是否現在或未來會規劃到大陸就學或是就業的相關變數，檢視其對兩岸交流或是對大陸印象的影響，但是因為結果不顯著（關弘昌 2018；Wu 2017），故本研究未予納入。具體的問卷題目以及變數編碼方式，可以參考附錄一的表 A-3。

　　至於民眾的感性認同部分，我們運用政黨認同、統獨立場以及台灣人／中國人自我認定（以下簡稱台灣人認同）三個變數。政黨認同部分，我們依照前述 2001 年之後的藍綠陣營將其區分為「傾向泛藍」、「傾向泛綠」以及「無傾向」的三類。統獨立場則區分為：「傾向統一」、「傾向獨立」以及「維持現狀」等三部分。台灣人認同則區分為民眾自我認定為「中國人」、「台灣人」或是「都是」三種。並將上述變數納入模型分析，檢視其對民眾兩岸交流立場之影響。上述變數的問卷題目與具體編碼方式，可以參考附錄 A-2 部分。當然，我們也同時納入第四章的性別、年

齡、省籍與教育程度等控制變數在第五章中分析。

　　第六章則以民眾對中國大陸政府喜好程度為政治情緒的測量，解析民眾對於中國大陸政府的好惡，是否影響其對兩岸交流的立場。在TNSS2005、TNSS2012 與 TNSS2016 的問卷題目的設計為：

> 我們想請教您對中國大陸政府的感覺度。如果以 0 到 10 分來表示，0 分表示非常不喜歡，10 分表示非常喜歡，請問在 0 到 10 分之間，您會給他幾分？

在次數分布的描述時，我們先以 0 到 4 分編碼為不喜歡，5 分編碼為普通，6 到 10 分編碼為喜歡。而在多變量統計模型分析時，則保留 0 到 10 的分數。

　　在 2008 年時，因為沒有類似的題目，我們以 NSC2008 中，民眾對中國政府對我政府／人民的友善與否之態度認知為變數。在對我政府友善與否上，其測量的題目是：

> 請問，您認為大陸的政府對台灣政府的態度是友善，還是不友善？

我們將其編碼為「較為友善」、「較不友善」以及「無意見」三類。至於民眾對中國政府對我人民友善與否之態度認知，其測量題目如下：

> 請問，您認為大陸的政府對台灣人民的態度是友善，還是不友善？

該題目也同樣編碼為「較為友善」、「較不友善」以及「無意見」三類。我們在第六章有將分析上述對中國大陸的好惡情緒與民眾對兩岸交流立場的關聯性，並在控制其他變數之後，檢視民眾對中國大陸情緒與其兩岸交流立場的關係。接著第六章也會將民眾的理性算計、感性認同以及好惡情

緒三類變數同時納入最後的模型，分析三類變數對於民眾兩岸經貿交流立場影響。

　　本研究基本認爲：過去強調理性自利或是感性認同對於兩岸關係的影響，不過，也許忽略了民眾對於中國大陸情緒好惡的影響。希望藉由2004 年以來本書所使用的資料，得以具體分析，邁入 21 世紀，將情緒因素納入之後，在解析兩岸關係所可能有的具體發現。

Chapter 4

貨出去了：理性計算與兩岸經貿交流

　　討論兩岸關係時，因爲兩岸大小懸殊，資源迥異，因此，以大小政治實體之間互動，小國所可能採取的「抗衡」或「扈從」策略（吳玉山1997）；以及更全面地以中國大陸的武力威脅以及美國對台灣的安全承諾、台灣的民主化以及中國大陸對台灣的經濟吸引（Niou 2008）爲框架，都是解析兩岸關係的重要理論論述。當然，本研究主要關切的兩岸經貿交流，它不但影響台灣將選擇「抗衡」或「扈從」策略，更與中國大陸對台灣的經濟吸引關係密切。

　　本章將先說明近年來兩岸在經濟與人員上密切的交流，再說明台灣民眾對兩岸經貿交流的態度，接著以民眾理性自利的角度，說明台灣整體經濟以及個人經濟的認知，如何影響到民眾對於兩岸經貿交流的態度。最後再以多變量模型，檢視理性自利因素對兩岸交流的影響。

壹、兩岸經濟與社會交流

　　自 1987 年兩岸開放探親以來，兩岸關係從「軍事對峙」與「法統爭執」，出現了「和緩交流」的可能（邵宗海2006）。我們以圖 4-1 爲例，可以看到：在 1997 年，台灣出口至中國大陸的貿易金額僅 164.4 億美金，進口約 34.0 億美金，到了 2007 年，出口金額已經上升到 1,033.4 億美金，進口金額則爲 258.8 億美金。而在 2018 年，出口的金額則達到 1,776 億美金，進口的金額則爲 486.5 億美金。台灣獲取的貿易順差則從 130.4 億美金上升到 1,289.5 億美金，過去二十多年來我對中國大陸的貿易順差成長了將近 10 倍。也可以看出：中國大陸這個市場，提供給台灣多大的經濟誘因。

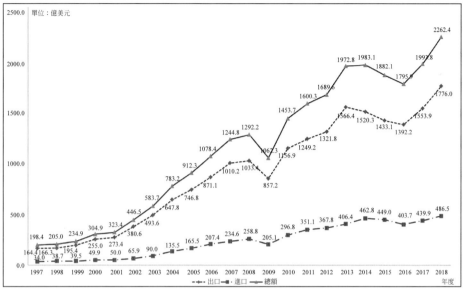

圖 4-1　我國對中國大陸進出口金額統計

資料來源：行政院大陸委員會，2013，《兩岸經濟統計月報》，第 248 期，頁 2-1；大陸
　　　　委員會，2019，《兩岸經濟統計月報》，第 320 期，頁 2-1。

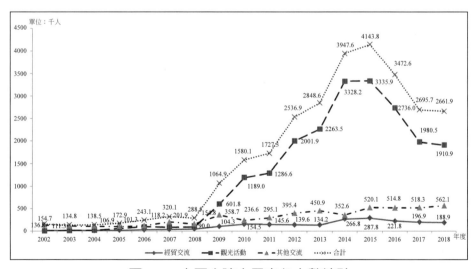

圖 4-2　中國大陸人民來台人數統計

資料來源：行政院大陸委員會，2006，《兩岸經濟統計月報》，第 169 期，表 20；行政院
　　　　大陸委員會，2011，《兩岸經濟統計月報》，第 225 期，表 21；大陸委員會，
　　　　2019，《兩岸經濟統計月報》，第 320 期，頁 2-18。

　　除了經濟上的密切交流之外，兩岸自從開放探親之後，人員的往來也更加密切。基於各種理由，台灣對於中國大陸前來的人員有一定程度的限制，所以在 2002 年到 2007 年間，中國大陸人民來台的人數，僅從 15 萬餘人上升到 30 餘萬。但是在馬英九執政後一路上升，2015 年超過了 414 萬人次，其中，約有 333 萬人次為來台觀光的民眾。此後因為兩岸關係的冷卻，在 2018 年的總人數下降到 266 萬人次，觀光客也不及 200 萬人次。

　　兩岸之間密切的經貿活動以及人員往來，一方面讓台灣因為貿易逆差以及觀光客來台消費，獲取相當的經濟利益，但是，兩岸密切交流的同時，也引發「國家安全」的可能疑慮。因此，民間對於大量大陸觀光客來台以及密切的兩岸經貿關係，總是有不同的看法。在 2018 年年底的地方選舉中，國民黨提名的高雄市市長候選人韓國瑜所說的「貨賣得出去，人進得來，高雄發大財」，應該與兩岸經貿交流以及吸引觀光客來台灣或是高雄旅遊及消費密切相關。套用一些台灣民間說法的要「拜佛祖」還是「顧肚子」，「顧肚子」就是照顧生活溫飽的經濟考量。民眾對於兩岸經貿交流的看法如何，我們接著以幾個年度的調查資料來加以說明。

貳、民眾對於兩岸經貿交流的看法

　　儘管社會輿論對於兩岸經貿交流有不同的看法，我們接下來檢視一般民眾對於兩岸經貿交流的立場。表 4-1 整理 2004 年到 2016 年的四次調查結果，從表中可以發現：民眾在 2004 年時約有近三成的民眾希望降低兩岸的經貿交流，到了 2008 年與 2012 年上升到約三成六，不過，在 2016 年又下降到兩成二左右，這是四次調查最低的比例。至於希望加強兩岸經貿交流的比例，則從 2004 年的四成八，上升到 2008 年的五成，雖然如圖 4-1 與圖 4-2 所顯示，兩岸自 2008 年到 2012 年的經貿與人員交流大幅上升，但是在 2012 年時，民眾希望加強的比例卻大幅下降到四成一。不過，隨著太陽花學運的發酵，讓兩岸的經貿交流的熱度稍退，但是如圖 4-2 所示，兩岸的人員交流部分卻仍持續上升，而表 4-1 也可以看出：

民眾希望加強兩岸經貿交流的比例，又回升到將近五成一的比例。至於沒有具體表示意見的民眾，從 2004 年的約四分之一，下降到 2008 年的一成四，到了 2012 年及 2016 年，則又在兩成五上下波動。

表 4-1　民眾對於兩岸經貿交流態度

	2004 年 [a]	2008 年 [b]	2012 年 [a]	2016 年 [a]
降低	28.2	35.6	35.8	21.5
無立場	24.2	14.4	22.8	27.7
加強	47.6	50.0	41.4	50.9
小計 %	100.0	100.0	100.0	100.0
（樣本數）	（1,484）	（1,470）	（1,075）	（1,069）

資料來源：[a]TNSS2004、TNSS2012、TNSS2016。
　　　　　[b]NSC2008。
說明：表格中的數字為直欄百分比（括號內為樣本數）。

　　當然，我們也希望從理性自利的角度來觀察，民眾會不會因為理性自利的因素，而支持或是反對與大陸經貿交流。我們先觀察民眾對兩岸經貿交流所造成可能效果的評估，也就是，兩岸貿易往來會對台灣整體經濟或是對其家庭經濟產生何種影響？從表 4-2 中可以發現：在 2008 年 3 月總統選舉前，民眾預期兩岸經貿對台灣整體經濟發展會產生正面影響的「變

表 4-2　預期兩岸經貿交流對經濟的影響

2008 年	兩岸經貿對台灣整體經濟發展影響			
	變更差	無影響	變更好	（樣本數）
	26.4	30.7	42.9	（1,470）
2008 年	兩岸經貿對家庭經濟影響			
	變更差	無影響	變更好	（樣本數）
	22.6	54.7	22.7	（1,470）

資料來源：NSC2008。
說明：表格中的數字為橫列百分比（括號內為樣本數）。

更好」比例高達四成三,而覺得會讓台灣經濟「變更差」的約四分之一,另外有大約三成一的比例認為「無影響」。至於對受訪者家庭經濟影響部分,大約有兩成三認為會變得更好,也同樣約有兩成三認為會變得更差,而覺得無影響的比例超過一半,約有五成五。因此,民眾對兩岸經貿交流會帶來總體經濟榮景的期望較高,至於與個人家庭經濟的關聯程度,則較為持平。

　　至於民眾在理性預期的評估時,究竟以顧全大我(總體經濟)為先,還是以滿足小我(家庭經濟)為要?表 4-3 先檢視民眾對於預期兩岸經貿對台灣整體經濟的預期利害,對於兩岸經貿交流態度的影響。從表 4-3 中可以發現:當民眾預期兩岸經貿交流會讓台灣經濟變更好時,有將近八成六的比例希望加強兩岸經貿交流,至於認為兩岸經貿會讓台灣整體經濟變更差時,則有超過四分之三認為應該降低兩岸經貿交流。至於認為兩岸經貿交流對於台灣經濟沒有影響時,其對兩岸經貿交流應該加強或降低的態度以採取無立場的比例最高,有超過兩成七。在卡方獨立性檢定中,也看出這兩個態度之間並非獨立的,而具有一定的關聯性。因為兩個變數屬於有序多分的順序變數,所以運用關聯性檢定的 τ_b 也可以發現兩者之間具有正向關聯性,且其數值近乎 0.60,代表兩者之間具有正向的重要相關。

表 4-3　兩岸經貿交流對台灣經濟影響評估的交叉分析(2008 年)

2008 年	降低	無立場	加強	統計資訊
變更差	*77.8%*	*9.0%*	*13.1%*	
無影響	33.9%	*27.5%*	*38.6%*	卡方值 = 701.9
變更好	*8.6%*	*5.6%*	*85.9%*	自由度 = 4; $p < 0.001$
橫列 %	34.6%	13.2%	52.1%	$\tau_b = 0.592$; $p < 0.001$
(樣本數)	(509)	(194)	(766)	

資料來源:NSC2008。

說明:表中數字為橫列百分比(括號內為樣本數)。該細格卡方檢定的調整後餘值的絕對
　　　值大於 1.96 時,以粗斜體標示。

　　至於民眾對於自身經濟的預期利得,會不會影響他們對兩岸經貿交

流的立場呢？表 4-4 可以發現：認為家庭經濟會因兩岸經貿交流而變得更好者，約有八成四贊成加強兩岸經貿交流，而認為將讓家庭經濟變得更差者，約有四分之三認為應該降低兩岸經貿交流。不過，儘管認為對自己家庭經濟沒有影響者，主張應該加強兩岸經貿關係的比例，也較全體選民的比例為高，超過了五成四。同樣地，透過統計的卡方獨立性檢定，我們發現兩者之間並非獨立，且 τ_b 為 0.455，彼此之間具有顯著且重要的正相關。

表 4-4　兩岸經貿交流對家庭經濟影響評估的交叉分析（2008 年）

2008 年	降低	無立場	加強	統計資訊
變更差	*74.1%*	12.0%	*13.9%*	
無影響	*28.2%*	*17.2%*	*54.6%*	卡方值 = 400.1
變更好	*10.8%*	*5.1%*	*84.1%*	自由度 = 4; $p < 0.001$
橫列 %	34.6%	13.3%	52.1%	$\tau_b = 0.455; p < 0.001$
（樣本數）	（509）	（195）	（766）	

資料來源：NSC2008。
說明：同表 4-3。

在 2012 年時，兩岸已經簽署 ECFA，民眾對於兩岸經貿交流的具體效果較能實際感受，所以從表 4-5 中可以看出：大約有五成六的民眾認為，兩岸經貿交流對台灣整體的經濟發展有幫助，至於認為沒有幫助者約三成，而無具體意見者大約七分之一。到了 2016 年年底的調查時，蔡英文總統已經上任了半年，民眾預期兩岸關係緊張會讓台灣整體經濟較差者超過七成七，認為無影響者約兩成一。而認為兩岸關係緊張讓家庭經濟變得比較差者約四成三、無影響者約五成六。不論認為會讓台灣總體經濟或家庭經濟變得比較好的比例，都在三個百分點以下。

當民眾預期兩岸關係緊張對台灣經濟有所影響時，他們對兩岸經貿交流的態度又如何？在 2012 年時，從表 4-6 可以發現：認為對於台灣經濟有幫助者，有六成二贊成兩岸應該加強經貿交流，但是認為對台灣經濟沒幫助者則有超過三分之二認為應該降低兩岸經貿交流。相對而言，

表 4-5 兩岸關係與兩岸經貿交流對經濟發展影響

2012 年	兩岸經貿對台灣整體經濟發展有無幫助			
	沒幫助	無意見	有幫助	（樣本數）
	29.7	14.5	55.8	（1,075）
2016 年	兩岸關係緊張對台灣經濟影響			
	比較差	無影響	比較好	（樣本數）
	77.1	20.9	2.0	（966）
2016 年	兩岸關係緊張對家庭經濟影響			
	比較差	無影響	比較好	（樣本數）
	43.3	55.9	0.7	（964）

資料來源：TNSSS2012、TNSSS2016。

說明：表格中的數字為橫列百分比（括號內為樣本數）。

表 4-6 兩岸經貿對台經濟發展影響與兩岸經貿交流的交叉分析

2012 年	降低	無立場	加強	統計資訊
沒幫助	*67.4%*	20.1%	*12.5%*	
無意見	*27.1%*	*52.9%*	*20.0%*	卡方值 = 344.25
有幫助	*21.3%*	*16.5%*	*62.2%*	自由度 = 4; $p < 0.001$
橫列 %	35.8%	22.8%	41.3%	$\tau_b = 0.452$; $p < 0.001$
（樣本數）	（385）	（245）	（444）	

資料來源：TNSSS2012。

說明：同表 4-3。

在 2012 年已經簽署 ECFA 之後，對兩岸經貿對台灣經濟會不會產生影響的議題並無具體意見者中，有近五成三的比例對兩岸經貿交流無具體立場。我們檢視卡方獨立檢定也發現兩個變數之間並不是獨立的，而 τ_b 為 0.452，表示彼此之間是具有顯著且重要的正相關。

而在 2016 年年底，當兩岸關係可能變得緊張，對台灣以及受訪者家庭經濟是否會因此產生影響上，民眾在兩岸經貿交流的立場又是如何？

從表 4-7 中可以發現，當民眾擔憂兩岸關係緊張會讓台灣經濟變得比較差時，反而更希望加強兩岸經濟交流，其比例接近六成。至於認為兩岸關係緊張反而讓台灣經濟變得比較好者，主張應該降低兩岸經貿交流的比例約四成五。從關聯性檢定也印證了上述的觀察，民眾愈憂心對台灣經濟有負面影響者，愈希望加強兩岸經貿關係。所以兩個變數之間的關係是負相關，只是 τ_b 為 -0.2，表示該負向關係雖然在統計上顯著，但是並未超過一般判斷兩個變數具有理論上重要關係的（絕對值）0.3，所以兩者之間的關係是較為微弱。

表 4-7　兩岸緊張對台灣經濟影響與兩岸經貿立場之交叉分析

2016 年	降低	無立場	加強	統計資訊
比較差	*18.0%*	23.8%	*58.3%*	
無影響	*34.7%*	*32.2%*	*33.2%*	卡方值 = 51.7
比較好	*45.0%*	*5.0%*	50.0%	自由度 = 4; $p < 0.001$
橫列 %	22.0%	25.1%	52.8%	$\tau_b = -0.200$; $p < 0.001$
（樣本數）	（213）	（243）	（511）	

資料來源：TNSS2016。

說明：同表 4-3。

同樣地，一旦預期兩岸關係緊張對個人家庭經濟是否產生影響，與其在兩岸交流的立場之間，是否具有一定的關聯性？從表 4-8 中可以看出，這是各表格中兩者之間關係較為微弱的一組。當民眾預期兩岸關係緊張讓其家庭經濟產生變得較差時，主張要加強兩岸經貿關係的比例增加到將近六成，不過認為讓家庭經濟變得比較好時，反而有四成二的比例希望降低兩岸經貿關係。我們從關聯性的統計檢定也可以看出：τ_b 為 -0.095，表示兩者之間的負相關雖然具有統計上的顯著意義，但是實質上的關係是較為微弱的。

表 4-8　兩岸緊張對家庭經濟影響與兩岸經貿立場之交叉分析

2016 年	降低	無立場	加強	統計資訊
比較差	*18.2%*	23.7%	*58.0%*	
無影響	*24.6%*	25.7%	*49.6%*	卡方值 = 12.2
比較好	42.9%	42.9%	*14.3%*	自由度 = 4; $p < 0.05$
橫列 %	22.0%	25.0%	53.0%	$\tau_b = -0.095; p < 0.001$
（樣本數）	（212）	（241）	（511）	

資料來源：TNSSS2016。
說明：同表 4-3。

　　以上的分析屬於描述性統計或是兩兩變數之間的關聯性統計檢定，不過，我們要進一步理解兩個變數之間的關係時，應該在控制其他的變數之後，才可以進一步釐清變數之間的關係。以下將納入受訪者的其他基本資料，進行多變量的統計分析。

參、理性自利與兩岸交流的多變量統計分析

　　本研究所用的三個年度，剛好是兩岸簽署 ECFA 之前後以及蔡英文總統上台後兩岸關係再度出現轉變的期間。如同我們在文獻整理時，Miller 與 Wattenberg（1985）所言：對於現任者，當然是以回顧他過去表現為主，對於完全開放的挑戰者，則是展望未來。相同的邏輯，我們在檢視兩岸經貿交流的可能利得時，民眾在 ECFA 簽署之前，當然是以展望性的評價為主。當兩岸簽署 ECFA 之後，民眾當以 ECFA 執行後的實際效果為考量。而在 2016 年民進黨再次執政之後，面對兩岸關係的變化，民眾可能會「先做最壞的打算」，並也「做最好的準備」。以下，我們檢視一下，民眾在 2008 年、2012 年與 2016 年三次調查中，其對兩岸經貿交流利得之評估，對其兩岸政策立場的影響。

　　因為在 2008 年兩岸的 ECFA 並未簽署，但是，從圖 4-1 也可以看出：兩岸的貿易總額大約有 1,200 億美金。民眾是否期望兩岸更密切的經貿關

係將有助於台灣整體經濟發展，而更願意支持兩岸交流？從表 4-9 中可以發現幾個有趣的趨勢：當民眾認為兩岸經貿關係有助台灣整體經濟或是家庭經濟時，將更願意加強兩岸經貿交流，在「大我」與「小我」兩者之間，我們控制其他變數之後，對整體社會影響的評估，較對家庭個人影響的評估更具影響力。我們從表 4-9 右半部分的表格可以發現：讓台灣經濟變好者的係數為 2.08，換言之，控制其他變數之後，認為會讓台灣經濟變好者，其認為兩岸經貿交流應「加強」相對於「無立場」的機率比，是認為對台灣整體經濟沒影響者的機率比的 7.97 倍（取 exp(2.08)=7.97）。相對而言，當民眾自評兩岸經貿關係讓其家庭經濟變好者，對於兩岸經貿關係的立場，採取「加強」相對於「無立場」的機率比，是認為兩岸經貿關係對家庭經濟無影響者之機率比的 3.09 倍（取 exp(1.13)=3.09）。我們從表 4-9 左半部，也可以發現：當民眾認為兩岸經濟關係讓台灣經濟變差，則對兩岸關係希望「降低」相對於「無立場」的比例，是認為經貿關係對台灣經濟沒影響的 4.74 倍。而認為兩岸經濟關係讓家庭經濟變差者，其主張應該「降低」兩岸經貿交流相對於對兩岸經貿交流「無立場」的比例，是認為兩岸經貿關係對家庭經濟無影響者的 1.82 倍。整體來說，我們看到，整體經濟考量對兩岸經貿交流立場的影響大於民眾對家庭經濟考量的影響。在 2008 年當兩岸各項經濟貿易協定尚未簽署之前，對於經濟正面「充滿期待」的影響力，似乎又比負面「怕受傷害」的影響力為高。此外，男性或是教育程度愈高者，愈希望加強兩岸經貿交流；而中學教育程度相對於小學教育程度者，則希望降低兩岸經貿交流。

到了 2012 年，兩岸已經簽署 ECFA，從圖 4-2 中可以發現：當年來台灣的大陸民眾已經超過 253 萬人次，因此，兩岸經濟關係的緊密，對於台灣經濟所產生的影響，民眾應該有較為深刻的感受。從表 4-10 中可以發現：當民眾認為對台灣經濟有幫助，在控制其他變數之後，認為兩岸經貿關係應該「加強」相對於「無立場」者的機率比，是認為經貿關係對台灣經濟無影響者的 9.10 倍。相對來說，當民眾認為經貿關係對台灣經濟沒有幫助時，認為兩岸關係應該「降低」相對於「無立場」者的機率比，是認為經貿關係對台灣經濟無影響者的 7.33 倍。此外，與 2008 年相同的

表 4-9　兩岸經貿對台影響與民眾經貿交流立場的多項勝算對數模型
　　　　（2008 年）

	降低／無立場				加強／無立場			
	係數	標準誤	p 值	Exp(B)	係數	標準誤	p 值	Exp(B)
截距	0.42	0.95			−0.61	0.96		
男性	0.14	0.19		1.16	0.67	0.20	***	1.95
年齡	−0.02	0.04		0.98	0.00	0.04		1.00
年齡平方	0.00	0.00		1.00	0.00	0.00		1.00
本省客家	−0.26	0.27		0.77	−0.04	0.27		0.96
大陸各省	0.05	0.37		1.06	0.62	0.33		1.85
大專教育程度	0.49	0.34		1.63	1.54	0.34	***	4.67
中學教育程度	0.59	0.28	*	1.80	1.03	0.29	***	2.81
讓台灣經濟變較差	1.56	0.25	***	4.74	−0.12	0.29		0.88
讓台灣經濟變較好	0.19	0.27		1.21	2.08	0.24	***	7.97
讓家庭經濟變較差	0.60	0.25	*	1.82	−0.16	0.29		0.85
讓家庭經濟變較好	0.21	0.35		1.23	1.13	0.31	***	3.09
模型資訊	Nagelkerke R^2 = 0.526 概似比檢定卡方值 = 841.6 自由度 = 22; $p < 0.001$							

資料來源：NSC2008。

說明：顯著性檢定 *: $p < 0.05$; **: $p < 0.01$; ***: $p < 0.001$（雙尾檢定）。

是，男性較傾向加強兩岸經貿交流，不過，與 2008 年不同的是，2012 年時，教育程度為中學以上者，相較於國小教育程度者，是傾向反對兩岸經貿交流。

表 4-10 兩岸經貿對台影響與民眾經貿交流立場的多項勝算對數模型
（2012 年）

	降低／無立場				加強／無立場			
	係數	標準誤	p 值	Exp(B)	係數	標準誤	p 值	Exp(B)
截距	−0.91	0.89			−0.74	0.87		
男性	0.21	0.19		1.23	0.39	0.18	*	1.47
年齡	−0.03	0.04		0.97	−0.02	0.03		0.98
年齡平方	0.00	0.00		1.00	0.00	0.00		1.00
本省客家	−0.24	0.28		0.79	0.15	0.27		1.16
大陸各省	−0.88	0.37	*	0.42	0.12	0.29		1.13
大專教育程度	1.16	0.34	***	3.20	0.21	0.33		1.23
中學教育程度	1.20	0.30	***	3.32	−0.06	0.30		0.94
對台經濟無幫助	1.99	0.26	***	7.33	0.43	0.31		1.53
對台經濟有幫助	0.81	0.26	**	2.26	2.21	0.26	***	9.10
模型資訊	Nagelkerke R^2 = 0.362 概似比檢定卡方值 = 382.5 自由度 =18; $p < 0.001$							

資料來源：TNSS2012。

說明：顯著性檢定 *: $p < 0.05$; **: $p < 0.01$; ***: $p < 0.001$（雙尾檢定）。

　　當然，在 2016 年我國歷經第三次政黨輪替之後，兩岸關係會不會因此而變得緊張，進而影響兩岸經貿交流，也是民眾關切的焦點。表 4-11 可以看出，當民眾憂慮兩岸關係對台灣經濟產生不好的影響時，在控制其他變數之後，他們愈傾向加強兩岸經貿交流，或是愈不傾向降低兩岸經貿交流。至於認為兩岸關係緊張對其家庭經濟會產生不好影響者，也較不傾向降低兩岸經貿交流。此外，依據崔曉倩與吳重禮（2011）的模型分析，我們納入年齡與年齡平方的自變數，在 2016 年時發現：因為年齡的係數為正，但是年齡平方的係數為負，可見年齡與民眾對於兩岸經貿交流是否應該加強的立場之間，是曲線關係的。換言之，當民眾年紀愈大，愈傾向加強與大陸的經貿關係，但是年齡達到一定程度之後，希望加強關係的機

率反而開始下降。此外，大專以上教育程度者，相對於國小教育者，是傾向加強兩岸經貿關係的。至於大陸各省或是中學教育程度者，相對於本省閩南或是小學教育者，較不傾向降低兩岸經貿交流。

表 4-11 兩岸緊張對台經濟影響與民眾對經貿交流態度的多項勝算對數模型（2016 年）

	降低／無立場				加強／無立場			
	係數	標準誤	p 值	Exp(B)	係數	標準誤	p 值	Exp(B)
截距	−0.81	0.93			−1.938	0.784	*	
男性	−0.18	0.21		0.83	0.029	0.182		1.03
年齡	0.06	0.04		1.06	0.078	0.031	*	1.08
年齡平方	0.00	0.00		1.00	−0.001	0.000	*	1.00
本省客家	−0.25	0.31		0.78	−0.234	0.271		0.79
大陸各省	−1.34	0.41	***	0.26	0.255	0.251		1.29
大專教育程度	0.08	0.39	***	1.09	0.828	0.339	*	2.29
中學教育程度	−0.30	0.35	***	0.74	−0.204	0.312		0.82
緊張讓家庭經濟較差	−0.06	0.23	***	0.94	0.211	0.194		1.23
緊張讓台灣經濟較差	−0.30	0.24	**	0.74	0.845	0.228	***	2.33
模型資訊	Nagelkerke R^2 = 0.147 概似比檢定卡方值 = 115.4 自由度 =18; $p < 0.001$							

資料來源：TNSS2016。

說明：顯著性檢定 *: $p < 0.05$; **: $p < 0.01$; ***: $p < 0.001$（雙尾檢定）。

肆、本章小節

　　從本章的初步分析，我們發現台灣民眾對兩岸經貿交流的看法，是既期待又怕受到傷害，但也務實評估，希望規避風險。在 2008 年兩岸尚未簽署 ECFA 時，對於兩岸經貿的可能影響其實是充滿期待，也預期對台灣整體經濟帶來正面的影響。所以，在 2008 年時，希望兩岸加強經貿交流的民眾高達五成。但是到了 2012 年 ECFA 簽署之後僅有四成一希望加強，希望降低的比例在該年度爲三成六。當然，2012 年兩岸經貿交流已趨熱絡，所以，民眾希望再「踩油門」加強的比例不如四年前高是可以理解的。當 2016 年時兩岸關係不再熱絡後，民眾反而希望加強兩岸經貿關係，其比例又上升到五成。民眾在兩岸兩岸經貿關係上，扮演了重要的政策平衡者的角色。

　　民眾對於經濟變化的評估上，總是對於自己家庭經濟變化的評估，變異較小，對總體社會經濟變化的評估，變異較大。這當然是因爲自己家庭經濟的情況，除非有重大社會或是經濟事件，例如金融海嘯或是新冠肺炎疫情，否則，本來就相對穩定有關。在前述分析中，我們發現民眾預期兩岸交流會讓總體經濟變更好者，在 2008 年是抱持較爲樂觀的想法，約有四分之三持此立場，雖然同一時間認爲對家庭經濟有正面影響的比例僅兩成三。到了 2012 年，因爲 ECFA 已經簽訂，當一個政策具體採行之後，民眾可以較爲具體感受其效果，也讓獲利或受害民眾各自歸隊靠攏。因此，有超過五成五的民眾認爲兩岸經貿對台灣經濟是有正面的影響，但同一時間認爲對台灣整體經濟沒有幫助者也上升到近三成。相對而言，持正面態度者還是較多，這也可能是因爲在實際上，台灣跟中國大陸的貿易量相當大，也帶給台灣相當大的貿易順差所致。這也難怪到了 2016 年，有超過四分之三的民眾認爲兩岸關係緊張的話，會讓台灣經濟變得比較差。連認爲會對家庭經濟造成不好影響的比例也有四成四。

　　從初步的交叉分析也可以看出來，民眾的理性利益計算與政策立場之間，具有一定的關聯性。相對而言，認爲兩岸經貿關係對台灣總體經濟的影響，以及他們對兩岸交流的立場之間，有較強的關聯性。至於對於個人

或是家庭經濟的影響，雖仍有關聯性，但是不如前者強。從進一步的多變量分析，在控制其他變數之後，我們發現：在 2008 年、2012 年與 2016 年，總體經濟或是個人經濟評估，都對於他們的兩岸政策具有重要的影響。不過，相對來說，對台灣總體經濟影響評估的影響力，是大於對家庭或是個人經濟的評估。因此，整體經濟的評估（sociotropic evaluations）的影響力是高過個人評估的（egocentric evaluations）。這個發現與國外的研究發現大致吻合，不過，放在兩岸互動交流的脈絡上，或是大小政治實體的互動上，格外有趣。

Chapter 5

當愛來襲：政治認同與兩岸經貿交流

理性算計的「麵包」固然重要，但是民眾的感性認同，是不是也像「愛情」一般讓人難捨？本章將以台灣三個重要的認同政治變項為基礎，說明民眾政黨認同、統獨傾向以及台灣人認同對其兩岸交流態度的影響。也進一步在控制其他變數之後，檢視三種不同的重要政治傾向對其兩岸政策立場的影響。

壹、藍綠傾向與兩岸交流

在台灣的選舉政治中，與美國的發現頗為一致的是，台灣民眾對藍、綠政黨或是陣營的認同相對來說較為穩定且重要的變數。一方面因為它穩定，所以對於選舉政治的持續有其影響力。說它重要則是因為民眾的政黨認同像一副有色眼鏡，民眾戴上它之後，看政治事務就會有不同的風貌。當然，在台灣的研究中，也可以發現：民眾的政黨認同相對穩定（林瓊珠 2019；盛杏湲 2010）、親子之間的政黨認同更存在一定代間傳遞的穩定性（陳陸輝、楊貴 2019），但是不同政治世代之間對於政黨認同的分布也具備一定的變化（陳陸輝 2000；陳陸輝、陳映男 2013）。我們利用 TNSS 以及 NSC 的調查資料來看一下過去幾年的趨勢。

從表 5-1 中我們可以發現：民眾傾向泛綠的比例相對還蠻穩定的，大約在兩成九上下，只有在 2008 年較低，僅兩成六左右。至於傾向泛藍的比例看來波動較大，最高在 2008 年的四成二，最低是 2016 年的兩成三。至於沒有政黨傾向的比例，在 2004 年為四成，2008 年降到三分之一以下，2012 年則上升到三成八，到 2016 年更上升到四成六。目前看來，沒有政黨傾向的比例是最高的。[1] 當然，從歷次的選舉中我們也發現，政黨在選舉中的聲勢也與民眾的政黨傾向具有一定程度關聯。

---

1 依據政治大學選舉研究中心公布的 2019 年上半年的最新民調，認同泛藍、無傾向與認同泛綠的比例，分別為：28.3%、42.5% 與 29.3%。民眾藍綠傾向勢均力敵，不過無政黨傾向的比例還是獨占鰲頭。資料網址為：https://esc.nccu.edu.tw/course/news.php?Sn=165，檢索時間：2019 年 7 月 18 日。

表 5-1　民眾政黨傾向的歷年分布

	2004 年[a]	2008 年[b]	2012 年[a]	2016 年[a]
傾向泛藍	30.6	42.2	34.2	23.4
無傾向	40.2	32.1	37.9	46.3
傾向泛綠	29.3	25.7	28.0	30.3
小計 %	100.0	100.0	100.0	100.0
（樣本數）	（1,484）	（1,470）	（1,075）	（1,001）

資料來源：[a]TNSSS2004、TNSSS2012、TNSSS2016。
　　　　　[b]NSC2008。
說明：表格中的數字爲直欄百分比（括號內爲樣本數）。

　　我們進一步檢視，民眾的政黨傾向與其兩岸經貿交流立場之間的關聯。由於自 21 世紀以來，泛藍政黨一直希望積極加強與大陸的經貿交流，而泛綠政黨則抱持希望冷卻降溫的立場，那麼，兩個陣營的認同者是否也有類似的傾向。從表 5-2 中可以看出：在 2004 年時，傾向泛藍者有將近三分之二希望加強與大陸的經貿交流，至於傾向泛綠者，則有四成一的比例希望降低兩岸經貿交流。相對來說，無政黨傾向者，雖有三分之一的比例沒有具體的立場，但也有接近四成五的比例希望加強兩岸經貿交流。兩者之間的卡方獨立性檢定結果也呈現彼此之間並非獨立，而從關聯性檢定可以看出，愈傾向認同泛綠者，愈希望降低兩岸經貿交流。兩者之間的 τ_b 爲 –0.204，表示兩者之間雖然具有統計上的關聯性，不過實際的關係較爲微弱。在表 5-2 的第二部分可以看到 2008 年時，這兩個變數之間的關聯性（的絕對值）增強許多，τ_b 變爲 –0.441 就可以看出端倪。以具體的百分比也可以發現：傾向泛綠者有超過七成希望降低兩岸經貿交流，傾向泛藍者有超過四分之三的比例希望加強兩岸經貿交流，無政黨傾向者中對此議題沒有立場者約兩成四，但是希望加強者也有超過四成五，與 2008 年的比例接近。到了 2012 年，傾向泛藍與傾向泛綠在希望加強或是希望降低兩岸經貿交流的比例，各自降到六成三上下，至於沒有政黨傾向者採取無立場的比例回到約三成一，但希望加強的比例則降到三成七。

表 5-2　民眾的政黨傾向與兩岸經貿交流態度的交叉分析

2004 年	降低	無立場	加強	統計資訊
傾向泛藍	*22.9%*	*12.8%*	*64.3%*	
無傾向	*23.2%*	*32.3%*	44.5%	卡方值 = 118.7
傾向泛綠	*40.8%*	24.9%	*34.3%*	自由度 = 4; $p < 0.001$
橫列 %	28.3%	24.1%	47.6%	$\tau_b = -0.204$; $p < 0.001$
（樣本數）	（419）	（358）	（706）	

2008 年	降低	無立場	加強	統計資訊
傾向泛藍	*15.8%*	*7.9%*	*76.3%*	
無傾向	*30.9%*	*23.7%*	*45.3%*	卡方值 = 408.5
傾向泛綠	*70.4%*	*9.0%*	*20.6%*	自由度 = 4; $p < 0.001$
橫列 %	34.7%	13.3%	52.1%	$\tau_b = -0.441$; $p < 0.001$
（樣本數）	（510）	（195）	（766）	

2012 年	降低	無立場	加強	統計資訊
傾向泛藍	*18.2%*	*18.5%*	*63.3%*	
無傾向	*31.9%*	*31.4%*	*36.6%*	卡方值 = 196.2
傾向泛綠	*62.5%*	*16.6%*	*20.9%*	自由度 = 4; $p < 0.001$
橫列 %	35.8%	22.9%	41.4%	$\tau_b = -0.352$; $p < 0.001$
（樣本數）	（385）	（246）	（445）	

2016 年	降低	無立場	加強	統計資訊
傾向泛藍	*7.2%*	*14.5%*	*78.3%*	
無傾向	*16.8%*	*33.3%*	49.9%	卡方值 = 151.0
傾向泛綠	*40.1%*	27.6%	*32.2%*	自由度 = 4; $p < 0.001$
橫列 %	21.7%	27.1%	51.2%	$\tau_b = -0.329$; $p < 0.001$
（樣本數）	（217）	（272）	（513）	

資料來源：見表 5-1。

說明：表中數字爲橫列百分比（括號內爲樣本數）。該細格卡方檢定的調整後餘值的絕對
　　　值大於 1.96 時，以粗斜體標示。

我們也可以發現關聯性檢定的 τ_b 強度降低爲 –0.352。到了 2016 年時，我們發現：泛藍希望加強兩岸經貿交流者接近八成，但是泛綠希望降低的比例則降爲四成，至於無政黨傾向者不抱持立場者約三分之一。同樣地，我們看到關聯性檢定 τ_b 降低爲 –0.329。整體來說，不同政黨立場者自 2008 年之後，對於兩岸經貿交流的立場較爲分歧，但是 2016 年後，泛藍的鮮明立場更值得注意。除此之外，另外一個有趣的分布是泛綠的支持者，他們在 2016 年蔡英文執政後，約三分之一支持加強與大陸的經貿交流，其分布與 2004 年陳水扁總統執政時非常接近。不過，在馬英九（即將）執政時，這個比例則降低至約五分之一，因此，泛綠的支持者對於兩岸的經貿交流也並非全盤否定，他們在其政黨執政時約有三分之一是贊成加強兩岸經貿交流的。

貳、統獨傾向與兩岸交流

　　接下來我們檢視民眾的統獨傾向對於兩岸經貿交流立場，是否存在差異。爲了便於分析，我們將民眾的統獨立場區分爲：傾向統一、維持現狀與傾向獨立，表 5-3 是民眾統獨立場的分布情況。從表 5-3 中可以發現：扣除在統獨立場無反應的民眾後，希望維持現狀歷年仍然最高，都是在六成三上下移動，至於希望統一者，約在一成二上下。而希望獨立者，也大約在兩成四上下。從陳陸輝（2019）的分析中可以看出不同政治世代在統獨立場的差距，特別是近年來年輕世代對於獨立的支持度較高，不過，在 2018 年民進黨執政的諸多爭議，讓綠營士氣較低，同樣讓傾向獨立的比例降低。其中，年輕世代的降低最爲明顯。不過，如本書第一章所言，兩岸關係在持續的變化，特別是 2019 年習近平提出的「一國兩制，台灣方案」，以及 6 月中的「反送中」修法的爭議，都對民眾的統獨傾向出現一定程度的變化。[2] 不過，相對於第一段討論的政黨認同，在台灣民眾重要

2　本研究依據政治大學選舉研究中心公布的 2019 年上半年的最新民調重新計算，在扣掉無意

表 5-3　民眾統獨傾向的歷年分布

	2004 年	2008 年	2012 年	2016 年
傾向統一	14.8	12.1	11.3	12.6
維持現狀	62.3	63.6	64.2	62.3
傾向獨立	22.9	24.2	24.6	25.1
小計 %	100.0	100.0	100.0	100.0
（樣本數）	（1,351）	（1,353）	（1,008）	（1,029）

資料來源：見表 5-1。

說明：表格中的數字為直欄百分比（括號內為樣本數）。

的政治態度中，其統獨傾向，相對而言，是較為穩定的。

　　民眾對兩岸關係的統獨立場，應該與其對兩岸經貿交流的看法密切相關。我們接著就檢視兩者之間的關聯性。不過，從表 5-4 中卻發現：在2004 年時，儘管民眾傾向統一者，希望加強與中國大陸的經貿關係，其比例達到六成四，但是傾向獨立者中，僅有四成七希望降低兩岸經貿交流，仍有大約三分之一希望加強兩岸經貿交流。此外，值得注意的是，統獨立場是維持現狀者，也有超過五成四希望加強兩岸經貿交流。在關聯性檢定上，兩者的 τ_b 不及 –0.20，換言之，儘管愈傾向統一者愈希望加強兩岸經貿交流，但兩者之間的關聯性，僅是統計上顯著，但是實質上的關聯性並不強。不過，兩岸經貿交流的議題是 2008 年總統大選的主軸，因此，在吸引了更多民眾關注的同時，民眾對該議題的立場也受到自己統獨立場的牽引。表 5-4 中可以看到，在 2008 年時，兩者之間的 τ_b 增加為 –0.322，就絕對值或是關聯性而言，遠較 2004 年為強。從實際的交叉分析中也可以發現：傾向統一者有超過三分之二希望加強兩岸經貿交流，傾向獨立者則有超過三分之二希望降低兩岸經貿交流。同樣值得注意

見者後，傾向獨立、維持現狀與傾向統一的比例，分別是：27.5%、61.4% 與 11.1%，相較於2018 年全年度的比例（獨立：21.5%、現狀：61.5%、統一：17.0%），出現「統」消「獨」派的現象，儘管維持現狀的比例始終是最高。資料網址為：https://esc.nccu.edu.tw/course/news.php?Sn=167，檢索時間：2019 年 7 月 18 日。

的是：希望維持兩岸關係現狀者中，也有近六成四希望加強兩岸經貿交流，這是歷年中比例最高的。到了 2012 年，傾向統一者在此議題的立場大致與 2008 年的分布相若，約有三分之二希望加強兩岸經貿關係，且此比例在 2016 年提升到歷次最高的七成八。至於傾向獨立的民眾，在 2012 年有不及六成的比例希望降低兩岸經貿關係，到了 2016 年，這個比例減少到約四成二。自 2012 年起，維持現狀的民眾對於兩岸經貿交流持「加強」立場的比例，其實與全體民眾的平均接近，所以在當年的四成五以及 2016 年的五成三都與全體的比例相若，但較全體平均略高一點。因此，雖然傾向統一的民眾，有較高的比例是希望加強兩岸經貿交流的，但是，在 2004 年與 2016 年民進黨執政時，支持獨立的民眾，也有相當的比例是希望跟中國大陸做生意的。這個情況與前一節的藍綠傾向的趨勢相若，顯示民進黨一旦執政，其支持者會更重視兩岸經貿交流帶來的可能利益。統獨立場雖然對民眾對兩岸經貿交流的態度有一定的影響，但是，民眾面對兩岸經貿交流的議題時，除了統獨立場，應該還有其他的考量因素。

表 5-4　民眾的統獨立場與兩岸經貿交流態度的交叉分析

2004 年	降低	無立場	加強	統計資訊
傾向統一	*21.5%*	14.5%	*64.0%*	
維持現狀	*25.8%*	20.1%	*54.1%*	卡方值 = 72.7
傾向獨立	*47.4%*	20.0%	*32.6%*	自由度 = 4; $p < 0.001$
橫列 %	30.1%	19.2%	50.6%	$\tau_b = -0.198; p < 0.001$
（樣本數）	（407）	（260）	（684）	
2008 年	降低	無立場	加強	統計資訊
傾向統一	*24.8%*	7.3%	*67.9%*	
維持現狀	*24.5%*	*11.8%*	*63.6%*	卡方值 = 218.7
傾向獨立	*68.6%*	7.9%	*23.5%*	自由度 = 4; $p < 0.001$
橫列 %	35.2%	10.3%	54.4%	$\tau_b = -0.322; p < 0.001$
（樣本數）	（477）	（140）	（737）	

2012 年	降低	無立場	加強	統計資訊
傾向統一	*21.1%*	*12.3%*	*66.7%*	
維持現狀	*31.8%*	*23.5%*	44.7%	卡方值 = 83.0
傾向獨立	*58.1%*	*15.3%*	*26.6%*	自由度 = 4; $p < 0.001$
橫列 %	37.1%	20.2%	42.7%	$\tau_b = -0.243$; $p < 0.001$
（樣本數）	（374）	（204）	（431）	
2016 年	降低	無立場	加強	統計資訊
傾向統一	*10.9%*	*11.6%*	*77.5%*	
維持現狀	*15.0%*	*31.8%*	53.3%	卡方值 = 118.7
傾向獨立	*41.9%*	22.5%	*35.7%*	自由度 = 4; $p < 0.001$
橫列 %	21.2%	26.9%	51.9%	$\tau_b = -0.261$; $p < 0.001$
（樣本數）	（218）	（277）	（534）	

資料來源：見表 5-1。

說明：同表 5-2。

參、台灣認同與兩岸經貿交流

　　在台灣的認同政治諸多變數中，變化較多的當屬台灣民眾的台灣認同。鄭夙芬（2013，2019）認為，台灣民眾的認同可以區分為早期的外省籍與本省籍的「省籍對立」、民主轉型時代的本土化與民主化運動與威權統治的對抗、以及當前的「台灣／中華民國」與「中國／中華人民共和國」的對抗等三個階段，相關文獻的討論鄭夙芬（2013，2019）有深入的整理。陳陸輝與周應龍（2013）除了呈現不同世代的台灣認同差亦之外，也強調民眾對於中國大陸政府對我政府或是人民善意與否的認知，對民眾的台灣認同也具有重要的影響。表 5-5 中則是 2004 年到 2016 年之間的幾次總統大選年，民眾「台灣人／中國人自我認定」（本文稱為「台灣人認同」）的分布。表中並未將無意見者納入，但是整體的趨勢是：自 2008

年起，民眾的台灣人認同即超越了「都是」（即認同自己既是台灣人也是中國人的雙重認同者）的比例，到2016年其比例更接近六成。至於認為兩者都是的比例，在2004年還有五成，到了2016年大約只有三成六。當然，自2004年起，認為自己是中國人的百分比，都是個位數，歷年皆在7個百分點以下[3]。

表 5-5　民眾台灣人／中國人自我認定的歷年分布

	2004 年	2008 年	2012 年	2016 年
中國人	6.3	2.4	3.6	4.2
都是	50.1	43.9	41.7	36.1
台灣人	43.7	53.7	54.6	59.7
小計 %	100.0	100.0	100.0	100.0
（樣本數）	（1,421）	（1,417）	（1,041）	（1,039）

資料來源：見表 5-1
說明：表格中的數字為直欄百分比（括號內為樣本數）。

　　我們接著檢視民眾的台灣認同與其兩岸經貿立場之間的關聯性。如果從表 5-6 中的關聯性檢定（τ_b）的絕對值來看，相對於表 5-4，民眾的台灣認同與其對兩岸經貿交流立場的關聯性，並不會比統獨立場與台灣民眾兩岸經貿交流立場之關聯性來得低，絕對值大約是在 0.23 到 0.37 之間。進一步檢視交叉分析表，我們發現在 2004 年時，中國人認同者有大約六成六希望加強兩岸經貿交流，雙重認同者約有五成九，而台灣人認同者約有三分之一希望加強，但也有三成七希望降低兩岸經貿交流。隨著兩岸經貿交流的議題在 2008 年大選成為重要焦點，我們也發現：中國認同者中

3　筆者依據政治大學選舉研究中心公布的 2019 年上半年的最新民調重新計算，扣掉無意見者後，在 2008 年民眾認同自己是「台灣人」（50.6%）的比例第一次超過「都是」（雙重認同）（45.1%）的比例。該調查中，認同自己是台灣人的比例最高出現在 2014 年，接近六成三，在 2018 年約為五成七，但是到了 2019 年上半年則上升至五成九。雙重認同的比例在 2014 年超過三分之一，2018 年更接近四成，2019 年則略微下降至為三成八。中國人認同自 2008 年以來皆在五個百分點以下。資料網址為：https://esc.nccu.edu.tw/course/news.php?Sn=166，檢索時間：2019 年 7 月 18 日。

有超過七成希望加強兩岸經貿交流,雙重認同者希望加強的比例竟高達七成三,是歷年中唯一一次超過中國人認同者希望加強的比例。當年的台灣認同者有五成希望降低兩岸經貿交流,但是希望加強的比例也有超過三分之一。在馬英九執政四年後的 2012 年,具有中國認同者希望加強兩岸經貿的比例降低到六成三,回到較 2004 年略低的比例,具有雙重認同者則有五成三希望加強兩岸經貿交流,至於台灣認同者則約有近五成的比例希望降低兩岸交流,但也有大約三分之一的比例希望加強。到了 2016 年,中國認同者中有超過四分之三希望加強兩岸經貿交流,雙重認同者約五成三,與全體民眾的平均接近,而台灣認同者希望降低的比例約四成二。當然,歷年分布的另一個值得注意之處,是具備台灣人認同的民眾中,如同泛綠認同者或是傾向統一立場的民眾一樣,並不全然一面倒地希望降低兩岸經貿交流,從 2004 年到 2016 年,平均有三分之一台灣人認同者,是希望加強兩岸經貿交流的。

表 5-6　民眾的台灣人／中國人自我認定與兩岸經貿交流態度的交叉分析

2004 年	降低	無立場	加強	統計資訊
中國人	*17.8%*	16.7%	*65.6%*	
都是	*22.9%*	*18.1%*	*58.9%*	卡方值 = 99.5
台灣人	*37.3%*	*29.5%*	*33.2%*	自由度 = 4; $p < 0.001$
橫列 %	28.9%	23.0%	48.1%	$\tau_b = -0.228$; $p < 0.001$
（樣本數）	（410）	（327）	（684）	
2008 年	降低	無立場	加強	統計資訊
中國人	26.5%	2.9%	*70.6%*	
都是	*16.7%*	*10.3%*	*73.0%*	卡方值 = 218.1
台灣人	*50.9%*	*14.3%*	*34.8%*	自由度 = 4; $p < 0.001$
橫列 %	35.3%	12.3%	52.4%	$\tau_b = -0.365$; $p < 0.001$
（樣本數）	（500）	（174）	（743）	

2012 年	降低	無立場	加強	統計資訊
中國人	*15.8%*	21.1%	*63.2%*	
都是	*22.8%*	24.2%	*53.0%*	卡方值 = 85.2
台灣人	*48.9%*	19.9%	*31.2%*	自由度 = 4; $p < 0.001$
橫列 %	36.8%	21.7%	41.4%	$\tau_b = -0.261$; $p < 0.001$
（樣本數）	（383）	（226）	（431）	
2016 年	**降低**	**無立場**	**加強**	**統計資訊**
中國人	*10.9%*	*11.6%*	77.5%	
都是	*15.0%*	*31.8%*	53.3%	卡方值 = 118.7
台灣人	*41.9%*	22.5%	*35.7%*	自由度 = 4; $p < 0.001$
橫列 %	21.2%	26.9%	51.9%	$\tau_b = -0.261$; $p < 0.001$
（樣本數）	（218）	（277）	（534）	

資料來源：見表 5-1。
說明：同表 5-2。

肆、感性認同的綜合模型

　　由於民眾的感性認同因素包括較多變數，因此，我們在本節將上述三類變數同時納入模型中，並控制其他變數之後，來檢視三類變數中，哪個變數對民眾的兩岸經貿交流立場，較具備影響力。在 2004 年時，民眾的政黨傾向、統獨立場以及台灣人認同，都具有影響力。在政黨認同部分，認同泛藍的民眾其認為兩岸經貿關係應該加強相對於無立場的機率比，是無政黨傾向的 2.26 倍。值得注意的是，認同泛藍的民眾其認為兩岸經貿關係應該降低相對於無立場的機率比，也是無政黨傾向的 1.92 倍。如果我們回到表 5-2 中可以發現，主要是因為泛藍認同者勇於採取立場（希望加強或是降低兩岸經貿交流），其無立場的比例僅一成三，所以導致泛藍的兩個機率比，即「加強／無立場」（64.3/12.8 = 5.02）以及「降低／無

立場」（22.9/12.8 = 1.79）比無政黨傾向者（分別是 1.38 與 0.72）為高，
所以才會出現這樣的統計結果。除此之外，我們也發現在表 5-7 中，傾向
獨立的民眾其在兩岸經貿交流立場希望降低相對於無立場的機率比，是希
望維持現狀者的 1.78 倍。表 5-7 也發現台灣人認同者，較不傾向加強兩
岸經貿交流。表 5-7 中也發現：男性、教育程度愈高者以及大陸各省的民
眾，較傾向加強兩岸經貿交流。因此，除了感性的認同外，其實與第四章
的發現類似，男性與高教育程度者，較希望加強兩岸經貿交流，這也許與

表5-7　各種感性認同與民眾對經貿交流態度的多項勝算對數模型（2004年）

	降低／無立場				加強／無立場			
	係數	標準誤	p 值	Exp(B)	係數	標準誤	p 值	Exp(B)
截距	0.04	0.84			0.69	0.81		
男性	0.37	0.18	*	1.44	0.58	0.18	***	1.79
年齡	0.00	0.03		1.00	−0.02	0.03		0.98
年齡平方	0.00	0.00		1.00	0.00	0.00		1.00
本省客家	−0.13	0.27		0.88	0.37	0.25		1.45
大陸各省	0.07	0.37		1.08	0.95	0.32	**	2.58
大專教育程度	0.66	0.31	*	1.93	1.77	0.31	***	5.86
中學教育程度	0.29	0.24		1.33	0.61	0.24	*	1.84
認同泛藍	0.65	0.24	**	1.92	0.81	0.22	***	2.26
認同泛綠	0.14	0.21		1.15	−0.19	0.21		0.82
傾向統一	−0.05	0.28		0.95	−0.14	0.26		0.87
傾向獨立	0.58	0.21	**	1.78	−0.21	0.23		0.81
認定為中國人	−0.13	0.44		0.88	−0.07	0.39		0.94
認定為台灣人	0.02	0.20		1.02	−0.59	0.19	***	0.55
模型資訊	Nagelkerke R^2 = 0.232 概似比檢定卡方值 = 278.8 自由度 =26; p < 0.001							

資料來源：TNSS2004。

說明：顯著性檢定 \$: $p < 0.10$; *: $p < 0.05$; **: $p < 0.01$; ***: $p < 0.001$（雙尾檢定）。

工作機會或是工作性質較爲相關。早期前往大陸工作者以男性較多。而因爲服務業的需求，也讓台灣高教育程度者前進大陸，表 5-7 中也出現這樣的趨勢。

在前述的交叉分析中可以發現，2008 年因爲「兩岸共同市場」的話題，讓兩岸經貿的相關議題成爲該次選舉的重點，因此，三類感性的因素在交叉分析中均看出其與兩岸經貿交流立場的較強關聯性。現在如果將三類變數同時納入一個模型中，哪個因素的影響力較強？表 5-8 出現了一個非常有趣的趨勢：泛綠認同者、傾向獨立者以及具備台灣人認同者，相對於其他背景民眾，希望降低兩岸經貿交流的比例顯著較高。當民眾認同泛綠政黨，其在兩岸經貿交流希望降低相對於無立場的機率比，是無政黨傾向者的 2.84 倍。而傾向獨立的民眾，其希望兩岸經貿降低相對於無立場的機率比，是維持現狀者的 2.49 倍。至於台灣認同者的民眾，其機率比則是雙重認同者的 1.81 倍。此外，在加強兩岸經貿交流部分，除了泛藍支持者相對於無政黨傾向者有顯著較高的比例外，民眾的統獨傾向或是台灣人認同均不具顯著的影響力，而教育程度愈高者，還是較爲希望加強兩岸經貿交流。

表5-8　各種感性認同與民眾對經貿交流態度的多項勝算對數模型（2008年）

	降低 / 無立場				加強 / 無立場			
	係數	標準誤	p 值	Exp(B)	係數	標準誤	p 值	Exp(B)
截距	1.53	1.13			1.74	1.08		
男性	−0.01	0.22		0.99	0.29	0.21		1.34
年齡	−0.08	0.04	$	0.92	−0.07	0.04	$	0.93
年齡平方	0.00	0.00	$	1.00	0.00	0.00		1.00
本省客家	−0.32	0.30		0.73	−0.09	0.29		0.92
大陸各省	0.05	0.43		1.05	0.56	0.38		1.75
大專教育程度	0.33	0.38		1.40	1.65	0.37	***	5.21
中學教育程度	0.69	0.31	*	2.00	1.19	0.31	***	3.27
認同泛藍	0.34	0.27		1.41	1.19	0.24	***	3.28

	降低／無立場				加強／無立場			
	係數	標準誤	p 值	Exp(B)	係數	標準誤	p 值	Exp(B)
認同泛綠	1.04	0.28	***	2.84	0.02	0.29		1.02
傾向統一	0.49	0.38		1.63	0.24	0.36		1.27
傾向獨立	0.91	0.28	***	2.49	−0.28	0.29		0.76
認定為中國人	2.05	1.31		7.78	1.49	1.29		4.45
認定為台灣人	0.59	0.25	*	1.81	−0.33	0.23		0.72
模型資訊	Nagelkerke R^2 = 0.394 概似比檢定卡方值 = 511.5 自由度 = 26; $p < 0.001$							

資料來源：NSC2008。

說明：顯著性檢定 $: $p < 0.10$; *: $p < 0.05$; **: $p < 0.01$; ***: $p < 0.001$（雙尾檢定）。

　　當然，在 2012 年總統選舉期間，許多工商大老表態支持「九二共識」，這個雖然與兩岸經貿無關，不過，在「九二共識」這個通關密語下，當年選戰能否牽動民眾的感性認同，影響其對兩岸交流的立場嗎？我們從表 5-9 中可以發現一個與 2004 年或 2008 年都不同的趨勢。在 2012 年時，除了藍、綠政黨傾向以及台灣人認同之外，民眾的統一傾向與獨立傾向都對民眾對兩岸的經貿交流立場，產生重要的影響。也可能因為 2012 年選舉結果國民黨與民進黨兩位候選人的得票相距不大，兩岸議題相對而言與最後選舉結果具有重要的影響有關。當民眾認同泛藍政黨時，他們在兩岸交流的立場希望加強相對於無立場的機率比，是無政黨傾向的 3.37 倍。而傾向統一者則是維持現狀者在「加強」相對於「無立場」的機率比的 2.33 倍。至於認同泛綠的民眾，在兩岸經貿關係上希望降低相對於無立場的機率比，是無政黨傾向的 3.47 倍，傾向獨立者是維持現狀者的 1.66 倍，台灣人認同者則是雙重認同者的 2.09 倍。

表 5-9　各種感性認同與民眾對經貿交流態度的多項勝算對數模型（2012年）

	降低／無立場				加強／無立場			
	係數	標準誤	p 值	Exp(B)	係數	標準誤	p 值	Exp(B)
截距	−1.54	0.99			0.38	0.97		
男性	0.24	0.20		1.27	0.50	0.19	***	1.65
年齡	0.01	0.04		1.01	−0.03	0.04		0.97
年齡平方	0.00	0.00		1.00	0.00	0.00		1.00
本省客家	0.20	0.31		1.22	0.27	0.30		1.30
大陸各省	−0.69	0.40	$	0.50	0.22	0.31		1.25
大專教育程度	0.79	0.36	*	2.20	0.59	0.34	$	1.81
中學教育程度	0.99	0.33	**	2.68	0.27	0.32		1.31
認同泛藍	0.35	0.25		1.42	1.21	0.22	***	3.37
認同泛綠	1.24	0.25	***	3.47	0.28	0.27		1.33
傾向統一	0.45	0.39		1.57	0.85	0.34	*	2.33
傾向獨立	0.51	0.24	*	1.66	−0.10	0.26		0.91
認定爲中國人	−0.51	0.66		0.60	−0.05	0.48		0.95
認定爲台灣人	0.74	0.22	***	2.09	0.14	0.21		1.15
模型資訊	Nagelkerke R^2 = 0.283 概似比檢定卡方值 = 263.1 自由度 =26; $p < 0.001$							

資料來源：TNSS2012。

說明：顯著性檢定 $: $p < 0.10$; *: $p < 0.05$; **: $p < 0.01$; ***: $p < 0.001$（雙尾檢定）。

　　到了 2016 年，我們發現大致相似的模式，泛藍認同者、傾向統一較希望加強兩岸經貿關係，而認同泛綠與傾向獨立者，則希望降低兩岸經貿交流。因此，從表 5-7 到表 5-10 中，我們大致發現：民眾的藍綠政黨立場、統獨傾向以及台灣認同對其兩岸經貿交流的立場具有重要的影響。但是，相對而言，民眾的政黨認同較爲重要。三者之中，民眾的台灣人認同雖不可輕忽，但影響力並不及於政黨傾向與統獨立場。

表 5-10　各種感性認同與民眾對經貿交流態度的多項勝算對數模型（2016年）

	降低／無立場				加強／無立場			
	係數	標準誤	p 值	Exp(B)	係數	標準誤	p 值	Exp(B)
截距	−2.15	0.99	*		−0.35	0.79		
男性	−0.29	0.21		0.75	−0.11	0.18		0.90
年齡	0.05	0.04		1.05	0.04	0.03		1.04
年齡平方	0.00	0.00		1.00	0.00	0.00		1.00
本省客家	−0.42	0.32		0.66	−0.43	0.27		0.65
大陸各省	−0.76	0.44	$	0.47	0.39	0.28		1.47
大專教育程度	0.09	0.38		1.09	0.84	0.33	*	2.31
中學教育程度	−0.27	0.33		0.76	−0.15	0.30		0.86
認同泛藍	0.22	0.36		1.25	1.29	0.25	***	3.63
認同泛綠	0.59	0.24	*	1.80	−0.11	0.21		0.89
傾向統一	1.14	0.44	**	3.13	1.28	0.36	***	3.61
傾向獨立	1.26	0.24	***	3.53	0.19	0.23		1.21
認定為中國人	0.03	0.83		1.03	0.19	0.53		1.21
認定為台灣人	0.33	0.27		1.39	−0.66	0.20	**	0.52
模型資訊	Nagelkerke R^2 = 0.283 概似比檢定卡方值 = 263.1 自由度 = 26; $p < 0.001$							

資料來源：TNSS2016。

說明：顯著性檢定 $: $p < 0.10$; *: $p < 0.05$; **: $p < 0.01$; ***: $p < 0.001$（雙尾檢定）。

伍、本章小結

在 2004 年時，由於兩岸經貿交流的議題並未在選舉中出現，因此受到民眾的關切程度較低。不過，在 2008 年國民黨總統候選人馬英九提出「兩岸共同市場」以及 2012 年工商大老力挺「九二共識」，相關的議題

開始受到民眾的關切，也讓政黨認同、統獨立場以及台灣認同不同立場的民眾各自歸位，在此議題上發揮一定影響力。

　　整體而言，在各種不同的認同中，本研究發現，民眾的統獨立場的影響力在歷年分布相對較為穩定，但是政黨認同的影響力最大。至於台灣認同雖同具影響力，但相對而言其歷年的分布波動較大。而自 2008 年之後，我們也發現上述三個政治認同持續對民眾兩岸經貿交流的立場產生影響。不過，因為藍綠政黨在兩岸議題上具有相當的區隔性，也連帶地使民眾的政黨認同對兩岸經貿交流的立場，產生最大的影響。

　　本研究的「理性認同」是建立在符號政治學的角度，兩岸經貿交流的議題，雖然自 1987 年兩岸開放探親之後即已開始，且在陳水扁總統執政時，從圖 4-1 可以看出：2000 年的兩岸經貿進出口總額 304.9 億美金，一路上升到 2007 年的 1,244.8 億美金，上升將近 4 倍。而同一時段台灣出超的金額也從 200 億美金上升到 776 億美金，上升比例也超過 3.8 倍。因此，兩岸熱絡的經貿交易，並不是國民黨的專利。但是在 2008 年馬英九競選總統時提出「兩岸共同市場」，而當時的民進黨總統候選人謝長廷說馬英九的「兩岸共同市場」是「一中市場」，因此，要不要建立更緊密的兩岸的經貿關係立刻變成一個是不是支持「一中市場」？且是藍綠政黨各持「不同立場」的選舉議題。也因此「啟動」了民眾的政黨意識、統獨立場或是台灣人認同這些政治符號，促使不同的認同者，在這個議題上回歸本位，各自採取重要的不同立場。

Chapter 6

情緒要兼顧：政治好惡與兩岸經貿交流

　　情緒政治的例證在當前政治幾乎唾手可得。美國總統川普在 2019 年 7 月 14 日於推特上發言，要民主黨籍少數族裔的新進女性聯邦眾議員「回到她們來的地方，幫忙修整那些完全崩壞且犯罪猖獗的地方」，別再「大聲惡毒地告訴美國人」如何處理政務[1]。在台灣選舉政治中，也出現「在台灣長大的外省人，如果不認同台灣，最好回大陸去」（徐火炎 2004，12）[2]的論述。實際政治中，民眾的好惡情緒往往會左右其政治偏好甚至政治行為。本章將從情緒政治的角度出發，討論民眾對於中國大陸的好惡情緒，對其兩岸交流立場的可能影響。本章也將綜合理性自利、感性認同與政治情緒，分析三者對民眾兩岸交流立場的影響。

壹、民眾對中國大陸的好惡情緒

　　兩岸雖然過去劍拔弩張，「漢賊不兩立」，但是在 1980 年代末期，台灣開放民眾返回大陸探親之後，兩岸之間的氛圍是轉變為相對和緩的。不過，在李登輝總統 1995 年 6 月前往美國母校康乃爾大學訪問並發表公開演講後，中國大陸在 1995 年 7 月與 8 月以及 1996 年 3 月共進行四次的導彈試射。這樣的軍事挑釁行為，讓台灣民眾相當反感，也讓台灣民眾對於中國大陸的印象，從過去的歷史悠久、地大物博的錦繡河山等文化或是歷史的角度（陳義彥 1991），轉為「鴨霸」或是「黑心食品」等負面想法（陳陸輝 2015）。

　　我們利用 TNSS 與 NSC 的調查資料，來檢視民眾對中國大陸政府的好惡印象。從表 6-1 中可以發現：民眾在 2005 年到 2012 年之間，對於中國大陸政府的印象並不好，給予 0 到 4 分（歸類為「不喜歡」）的比例大約五成，至於印象「普普」（給予 5 分者）約三成一，至於「喜歡」者

1　李京倫，2019，〈川普上任來最歧視言論 嗆少數裔女議員「回你們國去」〉，聯合新聞網，7 月 15 日，https://udn.com/news/story/6813/3930568，檢索日期：2019 年 7 月 19 日。

2　該問卷題目由胡佛所設計，詳細的說明，請參考徐火炎（2004）。

（給予 6 到 10 分）不到兩成。不過，由於台灣媒體對於中國大陸相關新聞的報導未必完全正面。因此，當兩岸事務不是媒體報導焦點，民眾對兩岸事務的關心度降低，民眾對於中國大陸的印象反而有所改觀。如表 6-1 中可以發現，民眾在 2016 年對中國大陸好惡印象的三分類接近各為三分之一的平均分配，給予大陸好惡的評分，也從 2005 年的 3.77 大幅上升到 4.70，接近 5 分的中間分數，非常值得注意。

表 6-1　民眾對中國大陸好惡分布

好惡三分類 [a]	2005 年	2012 年	2016 年
不喜歡	48.9	50.0	34.9
普普	31.2	31.2	33.9
喜歡	19.9	18.9	31.2
（樣本數）	（1,090）	（990）	（1,003）
0～10 量表 [b]			
平均數	3.77	3.94	4.70
標準差	2.46	2.37	2.21

資料來源：TNSS2005、TNSS2012、TNSS2018。
說明：a. 此部分數字為直欄百分比（括號內為樣本數）。b. 此部分數字為描述性統計。

除了民眾對於中國大陸政府的好惡評價外，本研究運用的 NSC2008 資料，也包括民眾認為大陸政府對我政府以及對我人民的友善程度。在對我政府方面，認為較為友善的不及兩成、較不友善的接近六成，另外有兩成二的民眾並沒有表達具體的意見。至於對我人民方面，接近三分之一的民眾認為對我人民較為友善，但是認為較不友善者也有四成四，大致有兩成三沒有表達具體的意見。當然，兩岸在外交戰場上一向劍拔弩張，儘管在馬總統上任後採取「外交休兵」政策，但是中國大陸政府對我國際活動參與空間一向限縮，也讓民眾覺得大陸政府對我政府的善意不足。整體來說，符合大陸政府「寄希望於台灣人民」的想法，民眾認為大陸政府對台灣的人民遠比對台灣的政府來得友善，但是，認為較為友善的比例，在 2008 年 3 月時仍然不高。我們也從大陸政府後來在台南學甲與當地虱目

魚民採用「契作」的方式，以保證價格以及保證採購的方式，希望穩定虱目魚價格，並建立與台灣漁民的直接聯繫，就是希望透過善意的建立，改善民眾對中國大陸政府的印象（曾于蓁 2015）。

表 6-2　中國大陸政府對我善意或惡意的認知（2008 年）

	對我政府	對我人民
較不友善	59.1	44.2
無意見	21.9	23.4
較為友善	19.0	32.4
（樣本數）	（1,470）	（1,470）

資料來源：NSC2008。

說明：表中數字為直欄百分比（括號內為樣本數）。

貳、對大陸好惡與兩岸交流立場的交叉分析

民眾對於中國大陸政府的好惡，會不會影響他們對於兩岸交流的立場？從表 6-3 中可以發現：在 2005 年、2012 年與 2016 年三個年度中，其關聯性分析 τ_b 均超過 0.36，表示這兩個變數之間具有重要的關聯性。我們進一步檢視其交叉分析的結果，在表 6-3 的第一部分，我們發現：喜歡中國大陸政府者，希望加強兩岸經貿交流的比例將近八成二，至於不喜歡者則有約四成二希望降低兩岸經貿交流。而對中國大陸政府的好惡程度為「普普」者，也有超過三分之二希望加強兩岸經貿交流。

到了 2012 年，喜歡中國大陸政府者，也有超過四分之三希望加強兩岸經貿交流，但是不喜歡者則超過五成三希望降低兩岸經貿交流，該年度對中國大陸政府的好惡為普通者，也有超過一半希望加強兩岸經貿交流。我們進一步檢視 2016 年，較喜歡中國大陸政府者，他們有超過四之三希望加強與中國大陸的經貿關係，至於不喜歡中國大陸政府者，有四成五希望降低兩岸經貿交流。至於對於中國大陸政府的好惡為「普普」者，約有

五成五的比例希望加強兩岸經貿交流。

表 6-3　民眾對中國大陸政府好惡與其對兩岸經貿交流立場的交叉分析

2005 年	降低	無立場	加強	統計資訊
不喜歡	*41.5%*	*22.1%*	*36.4%*	
普普	*13.8%*	19.4%	*66.8%*	卡方值 = 181.47
喜歡	*5.5%*	*12.9%*	*81.6%*	自由度 = 4; $p < 0.001$
橫列 %	25.7%	19.4%	54.9%	τ_b = 0.366; $p < 0.001$
（樣本數）	（280）	（212）	（598）	
2012 年	降低	無立場	加強	統計資訊
不喜歡	*53.7%*	21.0%	*25.3%*	
普普	*24.6%*	*23.9%*	*51.5%*	卡方值 = 189.48
喜歡	*11.2%*	*10.7%*	*78.1%*	自由度 = 4; $p < 0.001$
橫列 %	36.6%	20.0%	43.4%	τ_b = 0.387; $p < 0.001$
（樣本數）	（363）	（198）	（430）	
2016 年	降低	無立場	加強	統計資訊
不喜歡	*44.6%*	26.0%	*29.4%*	
普普	*15.6%*	*29.4%*	55.0%	卡方值 = 203.8
喜歡	*4.5%*	*19.8%*	*75.7%*	自由度 = 4; $p < 0.001$
橫列 %	22.2%	25.2%	52.5%	τ_b = 0.387; $p < 0.001$
（樣本數）	（223）	（253）	（527）	

資料來源：TNSS2005、TNSS2012、TNSS2016。

說明：表中數字為橫列百分比（括號內為樣本數）。該細格卡方檢定的調整後餘值的絕對值大於 1.96 時，以粗斜體標示。

　　我們另外以 2012 年為例來說明另外一個現象，就是：喜歡中國大陸政府的民眾有七成八希望加強兩岸經貿交流，相較於全體平均的四成三，高出約三成五；至於他們對兩岸經貿交流抱持無立場或是希望降低者，大約各占一成一的比例。不過，即使不喜歡中國大陸的民眾，雖有五成四的比例希望降低兩岸經貿交流，此相較於全體平均的三成七，大約多出一成

七的比例，但是他們仍有超過四分之一的比例，希望加強兩岸經貿交流。另外一個重點則是：對於中國大陸政府的好惡居中者（評分 5 分），相較於全體平均，是較傾向加強兩岸經貿交流，且其比例超過一半，而其希望降低者，大約是四分之一。因此，兩岸經貿交流對台灣經濟有一定的正面影響，儘管民眾對中國大陸政府不抱正面的感受，也未必全面反對。

除了民眾對於中國大陸政府的好惡程度之外，民眾認為大陸政府對我政府或人民的態度，會不會影響他們的兩岸經貿交流立場呢？如果從表 6-4 中的關聯性檢定 τ_b 來看，民眾認為大陸對我政府的態度與其兩岸經貿交流立場之關聯性（$\tau_b = 0.231$），不如民眾認為大陸對我人民態度之關聯性（$\tau_b = 0.366$），這是不是因為兩岸經貿交流的本質屬於「民間」性質，因此，大陸政府對我人民是否具有善意，扮演更重要的角色？值得觀察。我們進一步檢視民眾兩方面態度與其兩岸經貿交流立場之間的關聯性。在表 6-4 上半部，當民眾認為大陸政府對我政府態度不友善時，希望降低兩岸經貿交流的比例約四成六，但希望加強的也有四成六。至於認為大陸政府對我政府友善者，有將近八成希望加強兩岸經貿交流。而民眾未表示具體意見者，有四成六希望加強兩岸經貿交流，但有三成一也不抱持具體立場。在表 6-4 的下半部，我們可以發現幾個有趣的現象，首先是當民眾認為大陸政府對我民眾或是對我政府友善或是他們無意見時，他們對兩岸經貿交流的態度相對一致，當其認為大陸政府對我人民友善時，希望加強兩岸經貿交流的比例也接近八成，而其無立場或是希望降低的比例也與其認為大陸政府不友善時相近，各約一成以下或是一成五；而當他們對大陸政府對我政府或是人民善意與否不表示意見時，希望加強、降低兩岸經貿交流的比例，也大致是四成六或是兩成二。但是其認為大陸政府對我人民不友善時，希望降低兩岸交流的比例則上升到五成六，增加了大約一成，希望加強的比例也僅有三成六，降低了大約一成。因此，民眾對於大陸政府對我政府善意與否的認知，雖然與其對兩岸經貿交流的態度之間，有其關聯性，但是其關聯程度並不如大陸政府對我人民的態度。因此，所謂「寄希望於台灣人民」，正確地說，應該是營造中國大陸政府對台灣人民善意的認知。所以，在 2018 年 2 月 28 日，中國大陸國台辦宣布 31 條惠台措

施以及在 2019 年 11 月 6 日惠台 26 條，希望吸引台灣民眾、企業、社團、藝文業等領域人士前往中國大陸發展，或是對台灣企業和台灣人民提供與大陸國民同等待遇，應該也是希望藉此營造中國大陸政府對台灣民眾的善意。

表 6-4　大陸政府對我政府或人民態度與兩岸交流的交叉分析（2008 年）

對政府態度	降低	無立場	加強	統計資訊
較不友善	*45.8%*	*8.2%*	*46.0%*	
無意見	*22.6%*	*31.3%*	*46.1%*	卡方值 = 224.06
較為友善	*14.0%*	*8.2%*	*77.8%*	自由度 = 4; $p < 0.001$
橫列	34.7%	13.3%	52.1%	$\tau_b = 0.231$; $p < 0.001$
（樣本數）	（510）	（195）	（766）	
對人民態度	降低	無立場	加強	統計資訊
較不友善	*55.5%*	*8.6%*	*35.8%*	
無意見	*21.2%*	*33.0%*	*45.8%*	卡方值 = 384.86
較為友善	*15.9%*	*5.2%*	*78.8%*	自由度 = 4; $p < 0.001$
橫列	34.6%	13.2%	52.1%	$\tau_b = 0.366$; $p < 0.001$
（樣本數）	（510）	（195）	（766）	

資料來源：NSC2008。
說明：同表 6-3。

參、對中國大陸的好惡與兩岸交流的多變量分析

除了上述的描述性統計之外，我們進一步檢視，在控制其他變數之後，民眾對於中國大陸的好惡情緒，是否會影響他們在兩岸交流上的立場。我們先從表 6-5 檢視 2005 年的結果。我們發現：民眾對中國大陸政府的好惡與其對兩岸交流的立場，在控制其他變數之後，仍然具有顯著關係。當他們對中國大陸政府的喜好程度增加一個刻度後，其認為兩岸經貿

交流應該「加強」相對「無立場」的機率比，會增加為原先的 1.31 倍。相對地，當他們對中國大陸政府的喜好程度增加一個刻度後，其認為兩岸經貿交流應該「降低」相對「無立場」的機率比，會減少為原先的0.78倍。

表6-5　民眾對中國大陸好惡與經貿交流態度的多項勝算對數模型（2005年）

	降低／無立場				加強／無立場			
	係數	標準誤	*p* 值	Exp(B)	係數	標準誤	*p* 值	Exp(B)
截距	−0.16	1.00			−1.85	0.90	*	
男性	0.29	0.20		1.34	0.14	0.18		1.15
年齡	−0.03	0.04		0.97	0.01	0.04		1.01
年齡平方	0.00	0.00		1.00	0.00	0.00		1.00
本省客家	−0.20	0.28		0.82	0.10	0.25		1.11
大陸各省	−0.69	0.35	$	0.50	0.50	0.25	*	1.65
大專教育程度	1.45	0.43	***	4.28	1.93	0.39	***	6.86
中學教育程度	1.24	0.40	*	3.47	0.90	0.37	*	2.46
對中國大陸好惡	−0.25	0.04	***	0.78	0.27	0.04	***	1.31
模型資訊	Nagelkerke R^2 = 0.317 概似比檢定卡方值 = 333.56 自由度 =16; *p* < 0.001							

資料來源：TNSS2005。

說明：顯著性檢定 $: *p* < 0.10; *: *p* <0.05; **: *p* <0.01; ***: *p* <0.001（雙尾檢定）。

　　此外，如果從民眾認為大陸政府對我政府的善意與否或是對我人民善意與否的認知，對其兩岸交流的立場，也有一定程度的影響。檢視表 6-6 可以發現，當民眾認為大陸政府對我人民較為友善時，在控制其他變數之後，其在兩岸交流上希望「加強」相對於「無立場」的機率比，增加為原先的 5.18 倍。同樣地，當民眾認為大陸政府對我政府友善時，該機率比也增加為原先的 1.85 倍。相對地，如果他認為中國大陸政府對我人民不友善時，他在兩岸交流上希望「降低」相對於「無立場」的機率比會增加為5.32 倍，當他認為大陸對我政府不友善時，機率比會增加為原先的 3.22 倍。可見民眾主觀上認為大陸政府對我的態度也是有所影響的，只是大陸

政府對我人民善意與否的態度，其影響力較大陸政府對我政府善意與否的影響力為大。

表 6-6　中國大陸政府對我好惡與經貿交流態度的多項勝算對數模型（2008 年）

	降低／無立場				加強／無立場			
	係數	標準誤	*p* 值	Exp(B)	係數	標準誤	*p* 值	Exp(B)
截距	−1.22	0.98			−0.71	0.93		
男性	0.20	0.19		1.22	0.29	0.19		1.34
年齡	0.00	0.04		1.00	0.00	0.04		1.00
年齡平方	0.00	0.00		1.00	0.00	0.00		1.00
本省客家	0.07	0.28		1.08	0.27	0.26		1.31
大陸各省	−0.09	0.37		0.92	0.71	0.33	*	2.02
大專教育程度	0.10	0.34		1.11	1.36	0.32	***	3.89
中學教育程度	0.48	0.28	$	1.61	0.99	0.27	***	2.70
大陸對我政府不友善	1.17	0.26	***	3.22	0.80	0.25	**	2.22
大陸對我政府較友善	0.15	0.36		1.16	0.61	0.31	*	1.85
大陸對我人民不友善	1.67	0.27	***	5.32	0.31	0.26		1.36
大陸對我人民較友善	1.39	0.33	***	4.01	1.64	0.29	***	5.18
模型資訊	Nagelkerke R^2 = 0.342 概似比檢定卡方值 = 486.24 自由度 = 22; *p* < 0.001							

資料來源：NSC2008。

說明：顯著性檢定 $: *p* < 0.10; *: *p* < 0.05; **: *p* < 0.01; ***: *p* < 0.001（雙尾檢定）。

　　相同的趨勢，我們在 2012 年的表 6-7 與 2016 年的表 6-8 中，也可以發現。民眾對中國大陸的喜好度，與其對兩岸經貿交流立場之間的關聯程度，在控制其他變數之後，在 2005 年、2012 年與 2016 年三個年度的模型中，其係數估計相對穩定。換言之，從歷年的資料大致看出的趨勢是：當民眾對大陸政府的好感每增加一個單位，他們在兩岸交流的立場上，持

「支持」相對於「無立場」的機率比，大概會增加爲原先的 1.3 倍，這三個年度的估計大致介於這個倍率之間，也顯示民眾對於中國大陸的好惡態度，其影響程度相對來講是較爲穩定的。

表 6-7　民眾對中國大陸好惡與經貿交流態度的多項勝算對數模型（2012 年）

	降低／無立場				加強／無立場			
	係數	標準誤	p 值	Exp(B)	係數	標準誤	p 值	Exp(B)
截距	0.63	0.91			0.52	0.90		
男性	0.12	0.19		1.13	0.36	0.19	$	1.44
年齡	0.00	0.04		1.00	−0.06	0.04		0.94
年齡平方	0.00	0.00		1.00	0.00	0.00		1.00
本省客家	0.15	0.32		1.16	0.38	0.31		1.47
大陸各省	−0.95	0.40	*	0.39	0.34	0.30		1.40
大專教育程度	1.10	0.37	**	3.01	0.15	0.34		1.17
中學教育程度	1.15	0.34	***	3.15	−0.17	0.33		0.84
對中國大陸好惡	−0.26	0.05	***	0.77	0.34	0.05	***	1.40
模型資訊	Nagelkerke R^2 = 0.304　概似比檢定卡方值 = 284.65　自由度 =16; $p < 0.001$							

資料來源：TNSS2012。

說明：顯著性檢定 \$: $p < 0.10$; *: $p < 0.05$; **: $p < 0.01$; ***: $p < 0.001$（雙尾檢定）。

　　因此，從上述幾個年度的分析中可以發現幾個重點。首先是：民眾對於中國大陸的好惡對於其兩岸經貿交流的立場是有重要的影響的。如果兩岸希望藉由經濟上的交流而降低政治上的敵意，則改變台灣民眾對於中國大陸的好惡應該是首要的工作。而中國大陸儘管因各種因素而對我政府的態度未必讓民眾感受善意，但是，大陸政府對於台灣民眾必須「民之所欲，常在我心」，才能夠化解兩岸交流的可能阻礙。此外，不同年度中，民眾對中國大陸的好惡在兩岸交流立場之影響力相對穩定，也可見這個

「民心工程」有其效用，也需加大力度。當然，更要戰戰兢兢、臨淵履薄才行。因為，一旦台灣民眾對中國大陸政府的好惡出現變化，也將進一步影響兩岸交流的支持度。

表 6-8　民眾對中國大陸好惡與經貿交流態度的多項勝算對數模型
　　　　（2016 年）

	降低／無立場				加強／無立場			
	係數	標準誤	p 值	Exp(B)	係數	標準誤	p 值	Exp(B)
截距	0.54	0.91			−2.67	0.75	***	
男性	−0.13	0.20		0.87	0.10	0.17		1.10
年齡	0.05	0.04		1.05	0.08	0.03	**	1.09
年齡平方	0.00	0.00		1.00	0.00	0.00	**	1.00
本省客家	0.09	0.30		1.10	−0.05	0.26		0.95
大陸各省	−1.13	0.41	**	0.32	0.29	0.24		1.34
大專教育程度	0.02	0.38		1.02	0.68	0.32	*	1.97
中學教育程度	−0.53	0.34		0.59	−0.27	0.30		0.77
對中國大陸好惡	−0.34	0.05	***	0.71	0.25	0.04	***	1.28
模型資訊	Nagelkerke R^2 = 0.275 概似比檢定卡方值 = 258.75 自由度 =16; $p < 0.001$							

資料來源：TNSS2016。
說明：顯著性檢定 \$: $p < 0.10$; *: $p < 0.05$; **: $p < 0.01$; ***: $p < 0.001$（雙尾檢定）。

肆、理性、感性與情緒的相遇：完整模型

我們在第四章討論民眾理性算計的影響，在第五章檢視感性認同的實例，本章則從情緒政治的角度出發，討論其對民眾兩岸交流立場的影響。儘管三類變數在各自場域展現其影響力，不過，就像 NBA 選秀或是 MLB 的世界大賽一樣，必須各路英雄或是三類變數齊聚一堂同台競技，才能夠

真正比較彼此的影響力。

　　2008 年的資料，是以台灣民眾預期兩岸經濟開放對台灣／家庭經濟的影響、三個政治認同變數以及台灣民眾對中國大陸對我政府或是對我民眾的善意與否認知為測量，檢視三類變數對於民眾兩岸交流立場的影響。表 6-9 中可以發現：在 2008 年選舉投票前夕，因為馬英九提出的「兩岸共同市場」的主張，讓預期台灣經濟因此變好、家庭經濟因此變好、泛藍的認同者以及大陸政府對我人民友善者，愈傾向支持加強兩岸的經貿交流。不過，值得注意的是：表 6-9 中，認為大陸政府對我政府不友善者，也較傾向支持加強兩岸經貿交流。這部分與研究預期不同，在上文已經提及主要是因為民眾認為大陸政府對我政府不友善者，在兩岸經貿交流上採取無立場的比例較低（見表 6-4）。也可能是因為當時的執政黨是民進黨，多數民眾認為中國大陸對民進黨政府較不友善（見表 6-2），不過，正因為大陸對民進黨政府不友善使得兩岸經貿關係出現一定的侷限，所以他們更希望開放兩岸經貿交流。此外，民眾的台灣人認同以及統獨立場均不顯著。同樣地，我們看到表 6-9 的左半邊，民眾認為台灣或是家庭經濟會因兩岸經貿變差、認為大陸政府對我政府不友善、對我人民不友善者，相對來說，希望降低兩岸經貿交流。而控制其他變數之後，認同泛藍者相對於無政黨傾向者，在兩岸經貿交流上更希望「降低」而非無立場，這也是因為從表 5-2 中可以發現：在 2008 年時，泛藍民眾在兩岸經貿交流上希望降低、無立場或加強的分布百分比為 16%、8% 與 76%，無傾向者的分布為 31%、24%、45%，所以泛藍希望降低相對於無立場的機率比是 2（16/8），無政黨傾向者則為 1.3（31/24），因為泛藍民眾無立場的百分比太低，才出現這樣的統計結果，但是泛藍民眾在希望加強相對於無立場的機率比是 9.5（76/8），無政黨傾向者則是 1.875（45/24），泛藍在兩岸經貿交流持「加強」相對於「無立場」的比例，仍然是無政黨傾向者的 5.07 倍（4.75/1.45）。不過，在 2008 年的模型中可以發現：在兩岸尚未簽署如 ECFA 的相關協議，雖然台商在大陸積極布局投資，但是大陸人民來台觀光等具有重要符號象徵意義的交流尚未落實之前，攸關經貿利益的理性預期、以及對於中國大陸對我政府或是人民友善與否的政治情緒，相

表 6-9　影響兩岸經貿交流的整合模型（2008 年）

	降低／無立場				加強／無立場			
	係數	標準誤	p 值	Exp(B)	係數	標準誤	p 值	Exp(B)
截距	0.84	1.21			−0.19	1.20		
男性	−0.24	0.24		0.79	0.34	0.24		1.41
年齡	−0.08	0.05	$	0.92	−0.05	0.05		0.95
年齡平方	0.00	0.00		1.00	0.00	0.00		1.00
本省客家	−0.15	0.33		0.86	0.02	0.32		1.02
大陸各省	0.10	0.45		1.10	0.15	0.41		1.17
大專教育程度	−0.23	0.41		0.80	1.22	0.41	**	3.37
中學教育程度	0.18	0.34		1.19	0.86	0.36	*	2.36
讓台灣經濟變較差	0.81	0.30	**	2.25	−0.35	0.34		0.70
讓台灣經濟變較好	−0.20	0.31		0.82	1.63	0.28	***	5.13
讓家庭經濟變較差	0.53	0.31	$	1.70	−0.13	0.35		0.88
讓家庭經濟變較好	0.18	0.40		1.20	0.73	0.35	*	2.07
認同泛藍	0.59	0.29	*	1.80	0.88	0.27	**	2.42
認同泛綠	0.56	0.31	$	1.76	0.11	0.33		1.11
認定為中國人	1.42	1.33		4.15	0.46	1.31		1.59
認定為台灣人	0.33	0.26		1.40	−0.30	0.25		0.74
傾向統一	0.31	0.41		1.36	0.13	0.39		1.14
傾向獨立	0.45	0.30		1.57	−0.28	0.33		0.76
大陸對我政府不友善	0.81	0.31	**	2.24	1.26	0.30	***	3.53
大陸對我政府較友善	0.43	0.45		1.54	0.69	0.41	$	1.99
大陸對我人民不友善	1.08	0.32	***	2.93	0.15	0.32		1.16
大陸對我人民較友善	0.68	0.38	$	1.97	0.76	0.34	*	2.13
模型資訊	Nagelkerke R^2 = 0.595 概似比檢定卡方值 = 882.8 自由度 = 42; $p < 0.001$							

資料來源：NSC2008。

說明：顯著性檢定 $: $p < 0.10$; *: $p < 0.05$; **: $p < 0.01$; ***: $p < 0.001$（雙尾檢定）。

較於感性的政治認同，扮演著較為關鍵的角色。

　　值得一提的是，論者或謂，民眾的理性計算、感性認同以及政治情緒三者之間彼此糾結，是否在統計上會出現共線性（collinearity）而影響我們研究的推論。共線性出現主要是影響該參數估計的標準誤，如果共線性嚴重，會讓標準誤過大，而影響我們對於該係數是否對依變數具有顯著（不為零）影響力（或是說關聯性）的推論。不過，我們上述的分析可以發現，變數不顯著多非因為估計係數的標準誤過大，而是因為估計係數本身數值過小所致。

　　到了 2012 年後，兩岸簽署多項經貿交流協議，經濟與社會的交流更為熱絡，也有大批的觀光客來台灣觀光。一個最實際的例子就是在日月潭玄光寺下渡船頭旁知名的「阿婆茶葉蛋」攤位，在 2008 年開放大陸旅客來台觀光之前，購買茶葉蛋時並不需要等候太久，但是在大批觀光客來了之後，因為生意太好，且許多導遊或是觀光客可能一次買數十顆帶上遊潭的遊艇上供旅客享用，因此，雖然讓「阿婆茶葉蛋」老闆開心，但卻讓一般台灣民眾深刻感受到太多大陸觀光客帶來的社會成本。當然，台灣各地知名的夜市也遇到相似的情況。這些實際的生活經驗對於民眾對兩岸的經貿交流的看法會不會發生改變？從表 6-10 可以發現：認為兩岸經貿交流對台灣經濟有幫助者、泛藍認同者以及對中國大陸政府愈具好感者，愈傾向認為兩岸經貿交流應該加強。而認為對台灣經濟沒有幫助、認同泛綠以及認同自己為台灣人者，愈希望降低兩岸經貿關係。表 6-10 還有另外兩個值得注意之處。首先是認為對台灣經濟有幫助者，其希望「降低」相對於「無立場」的機率比，較在評估台灣經濟有無幫助「無意見」者的機率比為高，這也是因為表 4-6 中，認為有幫助者在兩岸經貿交流的議題上，採取「無立場」者的比例較少所致。另一個發現，是對照表 6-9 與表 6-10 可以發現：在 2008 年教育程度愈高者，愈傾向加強兩岸經貿交流，但是到了 2012 年時，反而是教育程度愈高者愈傾向降低兩岸經貿交流。這很有可能是我們上面所說的日月潭阿婆茶葉蛋的例子，教育程度愈高者，因為閱讀資訊相對較豐富，其在目睹或是閱讀大陸觀光客來台之後，雖然讓台灣的攤商經濟更為活絡，但是台灣民眾也付出一定的社會成本，因此，

在 2012 年出現態度的轉變。當然，從 2008 年與 2012 年的分析中，竟然發現：台灣民眾的統獨偏好，與其對兩岸經貿交流的立場，在控制其他變數之後，竟然皆不顯著。

表 6-10　影響兩岸經貿交流的整合模型（2012 年）

	降低／無立場				加強／無立場			
	係數	標準誤	p 值	Exp(B)	係數	標準誤	p 值	Exp(B)
截距	−3.10	1.14	**		−1.98	1.08	$	
男性	0.12	0.22		1.13	0.40	0.21	$	1.49
年齡	0.04	0.04		1.04	0.00	0.04		1.00
年齡平方	0.00	0.00		1.00	0.00	0.00		1.00
本省客家	0.27	0.35		1.31	0.15	0.33		1.16
大陸各省	−0.74	0.43	$	0.48	−0.09	0.33		0.91
大專教育程度	1.26	0.44	**	3.53	−0.21	0.40		0.81
中學教育程度	1.45	0.40	***	4.26	−0.34	0.38		0.71
對台灣經濟沒幫助	1.83	0.33	***	6.23	0.24	0.37		1.28
對台灣經濟有幫助	0.82	0.32	*	2.27	1.48	0.31	***	4.41
認同泛藍	0.48	0.28	$	1.62	0.92	0.24	***	2.51
認同泛綠	1.15	0.28	***	3.16	0.47	0.30		1.61
認定為中國人	−0.97	0.85		0.38	0.03	0.52		1.03
認定為台灣人	0.77	0.24	**	2.16	0.45	0.23	$	1.57
傾向統一	0.27	0.42		1.31	0.34	0.36		1.40
傾向獨立	0.21	0.27		1.23	0.14	0.29		1.15
對大陸的好惡	−0.10	0.06	$	0.90	0.27	0.06	***	1.31
模型資訊	Nagelkerke R^2 = 0.474 概似比檢定卡方值 = 470.5 自由度 =32; p < 0.001							

資料來源：TNSS2012。

說明：顯著性檢定 $: p < 0.10; *: p < 0.05; **: p < 0.01; ***: p < 0.001（雙尾檢定）。

到了 2016 年蔡英文總統執政，在年底時兩岸的交流不再如馬英九執政時熱絡，民眾也可能擔憂，兩岸關係若是再進一步惡化，將對台灣的經濟造成更大的傷害。因此，從表 6-11 中我們發現：擔憂台灣經濟變差、泛藍認同者、傾向統一以及對於大陸較具好感者，希望加強兩岸經貿關

表 6-11　影響兩岸經貿交流的整合模型（2016 年）

	降低／無立場				加強／無立場			
	係數	標準誤	p 值	Exp(B)	係數	標準誤	p 值	Exp(B)
截距	−0.46	1.21			−1.72	0.99	$	
男性	−0.43	0.24	$	0.65	−0.17	0.21		0.85
年齡	0.06	0.05		1.06	0.05	0.04		1.05
年齡平方	0.00	0.00		1.00	0.00	0.00		1.00
本省客家	−0.25	0.38		0.78	−0.48	0.31		0.62
大陸各省	−1.02	0.52	$	0.36	0.23	0.32		1.26
大專教育程度	0.24	0.47		1.27	0.75	0.41	$	2.12
中學教育程度	−0.14	0.43		0.87	−0.25	0.38		0.78
緊張讓家庭經濟變差	0.08	0.27		1.08	0.32	0.22		1.38
緊張讓台灣經濟變差	−0.12	0.27		0.88	0.71	0.25	**	2.04
認同泛藍	0.01	0.41		1.01	0.97	0.28	***	2.63
認同泛綠	0.29	0.28		1.34	−0.04	0.25		0.96
認定為中國人	0.45	0.91		1.56	0.25	0.63		1.28
認定為台灣人	0.06	0.31		1.07	−0.52	0.24	*	0.59
傾向統一	0.41	0.49		1.50	0.94	0.38	*	2.56
傾向獨立	0.99	0.29	***	2.69	0.31	0.27		1.36
對大陸的好惡	−0.28	0.06	***	0.75	0.14	0.06	*	1.15
模型資訊	Nagelkerke R^2 = 0.382 概似比檢定卡方值 = 298.4 自由度 = 32; $p < 0.001$							

資料來源：TNSS2016。

說明：顯著性檢定 $: $p < 0.10$; *: $p < 0.05$; **: $p < 0.01$; ***: $p < 0.001$（雙尾檢定）。

係。至於傾向獨立或是對於中國大陸政府較為厭惡者，希望降低兩岸經貿交流。在控制其他變數之後，當台灣民眾認為兩岸關緊張讓台灣經濟變差者，其希望兩岸經貿交流加強相對於無立場的機率比，是其他立場民眾的2.04 倍。而認同泛藍者，其希望兩岸經貿交流加強相對於無立場的機率比，在控制其他變數後，是無政黨傾向者的 2.63 倍。當然，另外一個在2016 年具有顯著影響力的是民眾的統獨立場。傾向統一的民眾，其希望加強兩岸經貿相對於無立場的機率比，是維持現狀民眾的 2.56 倍。

　　而從表 6-9 到表 6-11 中可以發現：在解釋台灣民眾兩岸經貿交流立場時，過去僅以「麵包」的理性自利，或是「愛情」的感性認同，雖仍具有一定的解釋力，但是也有一定的侷限。「貨出得去」讓「台灣發大財」固然有其吸引力，「愛台灣」或是藍綠政黨意識也具備「定錨」的效果，但是，如果忽略了民眾對於中國大陸的好惡情緒變化，對於透析兩岸關係背後的重要邏輯，是有所不足的。

　　兩岸分立分治已經七十年，過去的軍事對抗、主權爭奪，雖然在兩岸開放探親、大量台商前往大陸投資以及兩岸人民的交流往來而變得和緩。但是近年來中國大陸對台灣的文攻武嚇以及國際空間的打壓，都讓台灣民眾對於中國大陸政府有所忌憚防備，對大陸政府也未必具備好感。因此，儘管從 2005 年以來，中國大陸持續推出不同的惠台政策，但是，卻發現這些經濟的利誘，雖或能影響台灣民眾對兩岸經貿交流的立場，但並未成功「收買」台灣民眾。兩岸交流過程中，民眾對於大陸市場的理性預期，遇到了相對穩定的政治認同，當他們彼此對抗或是勢均力敵時，左右兩岸未來變化的另一個關鍵因素，當屬民眾對於中國大陸的情緒好惡。兩岸之間持續善意的積累，可能不敵一個惡意舉措的致命一擊，因此，未來觀察台灣民眾對兩岸交流的立場，須先掌握民眾對中國大陸政治情緒的變化。

伍、本章小結

　　本章在提出理性自利與感性認同之外的第三組變數：台灣民眾對於中國大陸的政治情緒，藉以提供更爲完整解釋台灣民眾在兩岸關係立場的不同面向。本章整理發現：民眾對於中國大陸政府的好惡，自本研究使用的2005 年資料的低點，在 0 到 10 的評分中爲 3.77 分，到 2016 年較高點的4.70 分。雖然民眾對於中國大陸政府的印象是有一定程度的改善，不過，整體來說，對中國大陸持負面印象的比例還是較正面的爲多。此外，民眾認爲大陸政府對我人民較爲友善，對我政府較不友善。儘管如此，民眾認爲大陸政府對我人民較不友善的比例，還是高於較爲友善的比例。

　　本章也發現：民眾對大陸政府的好惡程度與其兩岸交流立場之間具有重要的關聯性。相較於民眾認爲大陸政府對我政府的友善度與其經貿交流立場之間的關聯性，民眾認爲大陸政府對我人民的友善程度，與其兩岸經貿交流立場之間，是具備較強的關聯性。因此，當兩岸政府關係緊張的情況下，大陸對台灣民眾的「民心工程」應該更爲關鍵。

　　我們也運用 2008 年、2012 年以及 2016 年三個年度的資料，將本書的理性自利、感性認同與政治情緒等三方面的變數，納入同一個模型中分析，本章所呈現的結果是：在解釋台灣民眾對兩岸經貿交流的立場時，民眾的理性自利具有一定的解釋力，其中，整體經濟因素的考量更爲重要。在政治認同中，藍綠政黨認同仍然相當關鍵，其次是台灣人認同，在兩岸交流的議題中，有時民眾自己的統獨立場也許並未發揮關鍵的影響力。當然在解釋台灣民眾對兩岸交流的立場中，民眾對中國大陸政府的好惡始終扮演重要的角色。

Chapter 7

結論：
傾聽民眾聲音
掌握兩岸脈動

　　本研究整理過去對於台灣民眾在兩岸關係立場上，所採用的幾種不同解釋途徑，依序分析各自表現，並提出本研究重要的理論論述以及與先前研究不同的關注焦點。透過整合比較後，對於影響台灣民眾在兩岸交流立場的重要因素有重要的研究發現。本章將先簡述本書的研究發現，並在第二個章節討論本書的研究限制。

壹、左右民眾兩岸交流立場的重要因素

　　過去相關的研究，往往以理性或感性、愛情與麵包，來分析台灣民眾的重要政治態度。本研究延續過去的架構，發現民眾的理性自利以及感性認同，都具有左右台灣民眾在兩岸交流立場上的重要影響力。

　　由於兩岸的經貿交流，帶給台灣龐大的實際利益，因此，自 21 世紀以來，不論是國民黨執政或是民進黨執政，儘管在兩岸政策甚至在「九二共識」上，兩黨採取不同立場，但是從實際兩岸經貿交流的統計數據，仍然可以看到兩岸熱絡的經貿交流，並未因為執政黨的「顏色」不同，而出現重要變化。因此，本研究發現：民眾預期兩岸經貿交流帶給台灣經濟正面影響者，傾向支持加強兩岸的經貿交流，且憂心兩岸關係變化會影響台灣經濟者，亦抱持相同的立場。相對來說，認為兩岸經貿交流對台灣經濟有負面影響者，則希望降低兩岸經貿交流。與國外經濟投票的理論對話時，我們也發現：總體經濟（sociotropic）評價的影響力以及對個體經濟（egocentric）評價的影響力，皆有影響，但是前者的影響力較一致且幅度較大。

　　當然，從本研究的資料也可以發現：過去學者認為民眾總體經濟好壞的評估對投票行為的影響，總是較對個體經濟好壞評估的影響為大。我們在第四章中展現了，儘管兩岸經濟貿易合作前後，民眾從 2008 年總統選舉前的展望預期到了 2012 年後實際體會兩岸經濟合作變化的情況，但是，畢竟個人或是家庭經濟情況，在沒有經歷重大金融危機或是如 2020 年新冠肺炎（COVID-19）這樣重大疫情對經濟或是社會重要衝擊的情況

下，其個人或是家庭經濟變化的幅度相對較小，所以詢問民眾兩岸經貿交流對其家庭經濟的影響如何，總是有超過半數的民眾表示「沒影響」。但是民眾認為國家社會整體經濟，總會因為特定政策的規劃或是採行而出現改變，故表示「沒影響」的比例只有一成多到三成，但具有較為明確但是好壞各有評估的情況較多，因此，在統計分析中，才發現整體經濟的評估對於兩岸經貿交流態度具有較重要的影響力。民眾未必願意「犧牲小我」，不過，「完成大我」（的經濟發展）應該是促使台灣民眾支持兩岸經貿交流的重要考慮。

至於在感性認同上，本研究納入台灣選舉政治最常使用的藍綠認同、統獨偏好以及台灣人認同等三類變數。在第五章的描述性分析時我們發現：民眾的台灣人認同變動幅度較大，統獨立場最為穩定。在納入相關模型檢定時，我們發現：在選舉政治中，很受重視的民眾統獨偏好，未必是影響民眾對兩岸經貿交流立場的關鍵因素，台灣認同的作用力也並未在跨年的分析中有穩定的表現，諸多變數中，還是民眾對於藍、綠政黨的認同，最具有穩定的顯著影響。因此，我們在分析台灣選舉政治中所不可忽略的政黨認同，也對於民眾兩岸經貿交流這個重要態度，具有關鍵的影響。

在本書第二章文獻整理中討論符號政治時，學者強調，各種政治符號是在勾起民眾政治社會化的歷程中所獲致的既存政治傾向（predisposition），他們像是一把鑰匙，在政治衝突的過程中，各方競逐的勢力，一旦用以啟動民眾的政治認同，就會產生一定的政治動員效果。在第五章的分析中，我們發現一個有趣的情況是，在 2004 年民進黨執政時，儘管民眾的政黨傾向、統獨立場與台灣認同，對於兩岸經貿交流立場具有顯著影響，但是他們的影響力，在經歷 2008 年總統選舉，謝長廷將馬英九提出的「兩岸共同市場」標籤為「一中市場」後，兩岸經貿交流變成一個兩黨各執一端的議題。也因此，民眾的政治認同因此被啟動，其在 2008 年之後的影響力變得更為關鍵。

當然，本研究最重要的研究發現，是在納入了民眾在經濟上的理性算計以及影響台灣選舉政治重要的感性認同之後，民眾對於中國大陸政府

的好惡，仍然具有重要的影響。特別是兩岸之間的關係，歷經過去的「軍事對抗」、「法統爭執」到「和緩交流」，雖然兩岸在外交場域上持續緊張，軍事上仍然以彼此為假想敵，但是社會與經濟的交流卻保持一定熱絡。部分台灣民眾希望透過大陸的廣大市場獲取經濟利益，但也有部分台灣民眾，擔心台灣的民主制度會被「一國兩制」取代。經濟的誘因與制度的衝突，伴隨著偶爾刻意的善意互動或是惡意交鋒，各種恩怨情仇，自然造就了兩岸之間複雜的各種政治情緒。在過去的研究中，從情緒政治的角度切入來談兩岸關係的系統性著作並不多見，因此，本研究的發現，不但是本書的研究創見，更在經驗政治理論以及實際政策分析上，具有重要的意涵。

在經驗政治的理論意涵上，過去以投票行為的相關研究，聚焦於對於總統候選人的情緒反應。而好的候選人若能夠激發民眾的希望，或是當差的候選人讓民眾有所疑慮時，會對民眾的政治參與以及投票行為產生重要的影響。本研究則以中國大陸為標的，探討民眾對於中國大陸政府的好惡，對其政策立場的影響。因此，民間俗話「買賣不成仁義在」，放在兩岸關係上，也許是「看（中國大陸政府）不順眼不買賣」。情緒政治在民眾對兩岸交流上，扮演不可或缺的角色。特別是自 21 世紀之後，情緒政治研究受到重視，從美國的紐約世貿大樓在 2001 年遭受恐怖攻擊之後，美國民眾對本土遭受恐怖攻擊的憂慮愈來愈深，而宣稱發動攻擊的蓋達組織是由伊拉克總統海珊支持，讓當時的小布希總統，進一步採取了出兵伊拉克的重要政策。這正是運用國內民眾對恐怖主義的憂慮或是恐懼，進而轉換成的對恐怖攻擊發動者或是支持者的憤怒，所採取的較為極端的政策。再將焦點轉到兩岸關係與台灣的選舉政治，我們也看到，執政的民進黨雖然在 2018 年年底的地方選舉遭受到極大的挫敗，當時民進黨黨主席蔡英文總統也因此辭去了黨主席。黨內甚至出現了剛辭去行政院院長的賴清德出馬挑戰蔡總統，爭取民進黨的黨內總統被提名人之情況。但是，隨著 2019 年年初中國大陸國家主席習近平提出的「一國兩岸台灣方案」後，蔡總統利用台灣民眾對於「一國兩制」的反感，成功轉換了整個選舉議題的焦點，伴隨 6 月發生的香港「反送中」運動，讓民眾的反中情緒，轉換

成 2020 年對她的選舉支持。因此，情緒政治不論在美國、台灣或是世界各國，其重要是不可輕忽的。

在實際政策的分析上，民眾對於政策的立場，也許不僅僅是理性的算計或是感性的認同，如果不能妥善處理民眾的好惡情緒，很多政策的推行將會遭受一定的阻礙。所以，民眾對於政府的政策將是「只有民眾開心，政策才易推行」的反應。民眾的好惡情緒，特別在於資訊發達的時代，網路酸民眾多，對政府政策評判不遺餘力的同時，能夠照顧民眾的情緒，讓民眾「揪感心」，才能預先排除障礙，讓相關政策推行更得心應手。儘管用情緒政治解析兩岸關係，是本書中提出的一個新觀點以及新的研究發現，但是，「民之所欲，常在我心」或是「得民心者得天下」這些不變的智慧，就是彰顯：掌握民心向背，穩住民眾的情緒，政府就有可能順利推動政策。從另一個角度思考，在蔡英文總統就任後推動的「一例一休」所造成人民的諸多不便，正是因為沒有顧慮政策施行後，民眾的感受所獲致的反作用力。因此，「傷感情」的執政作為也許像個迴力標，將會回過頭來傷害民眾對政府的支持與信任。

貳、研究限制與未來展望

儘管自 2002 年以來，牛銘實持續委託政治大學選舉研究中心執行《兩岸關係與國家安全》的民意調查，不過，本研究認為，兩岸關係對台灣的生存發展至關重要，相關的政府單位，例如科技部，應該持續提供相關經費，供有興趣的學者做長期的研究，並累積重要的民意發展脈絡。雖然陸委會也長期委託政治大學選舉研究中心執行民意調查，不過，其民調資料並未公開供學界使用，且其焦點在於探詢民眾對兩岸政策的滿意度，歷年持續的問卷題目相對有限，這也讓重要的公共資產平白浪費，殊為可惜。

本研究的限制在於，一方面，因為兩岸局勢的變動，讓兩岸的經貿交流，從過去的「戒急用忍」，經過「積極開放、有效管理」，到 ECFA 的

大幅開放，至今又因兩岸的冷和甚至冷戰關係，而出現變化。也因此，所用以掌握兩岸關係的重要題目，例如第四章對於民眾對於兩岸經貿開放的獲利「預期」、「評估」或是兩岸關係變緊張對經濟可能影響的展望，都因為環境的變化，而需有所調整。另一方面，因為本研究使用二手資料分析，很多研究的時間點，因為原始資料的問卷設計者有不同想法，而採用的不同的問卷題目，讓問卷的題目無法在不同年度維持一致。從本研究的分析可以理解，民眾對中國大陸的政治情緒至為重要，不但影響兩岸互動，也對台灣的選舉政治扮演關鍵的作用，因此，若要克服以上的困境，當然還是希望相關單位能夠提供充裕的研究資源，讓類似的研究得以長期持續且系統性地進行。

　　至於相關研究的未來展望，除了本研究應用的相關問卷題目外，我們如果從情緒政治的角度切入，要解析一般民眾對於中國大陸各種不同情緒反應，在現有的資料中，尚欠缺相關的測量。政治情緒涵蓋對於政治標的物正面與負面的情緒，因此，對台灣民眾來說，中國大陸經濟發展可能帶來的就業或是投資機會，應該是民眾對中國大陸產生正面情緒的關鍵。相對而言，其威權的政治體制也許就是台灣民眾反對「一國兩制」的關鍵因素。所以，對於大陸制度或是「一國兩制」的憂慮，以及中國大陸以「一個中國」原則壓縮台灣參與國際空間，總是引來台灣民眾的憤怒。這些不同的面向，其實可以透過較為有系統性且深入的分析，來理解台灣民眾對於中國大陸的政治情緒，並進一步了解不同政治情緒對於兩岸關係或是台灣選舉政治的影響。

　　至於具體進行的方式，未來可以先以深度訪談的方式系統性地了解民眾對於中國大陸的不同政治情緒，然後以網路調查檢視這些問卷題目的建構效度。在去蕪存菁之後，可以運用面訪或是電話訪問方式，先蒐集大量的樣本，再以定群追蹤的方式，持續追蹤民眾會不會因重大的政治事件，而出現情緒的變化。而不同的情緒變化，哪些情緒容易在事件過後歸於常態？哪些情緒會較為持續？而對於兩岸關係或是選舉政治又有哪些具體的影響？在國內相關的研究中，除了經濟學的研究外，政治學界的「台灣選舉與民主化調查」（TEDS）有以四年期為單位的定群追蹤，社會學的教

育追蹤也有相關的資料，但是在兩岸關係上，目前以定群追蹤掌握民意變化者尚未得見。因此，期望在未來的研究，在相關單位挹注一定經費後，台灣民眾對兩岸關係的動態研究可以成形，也讓我們更能夠理解民眾對兩岸關係各種態度或是情緒的變與常，以及掌握影響民眾兩岸關係態度的背後動力。

Appendix I

概念測量與變數處理方式

表 A-1　依變項的處理方式

變　數	測量題目	處理方式
兩岸經貿立場	TNSS2004 / TNSS2005： 有人認為台灣應該加強與大陸的經貿關係，因為這樣可以幫助台灣的經濟成長；也有人認為台灣應該降低與大陸的經貿關係，不然會影響台灣的國家安全。請問您比較同意哪一種觀點？ 1. 加強（開放）；2. 降低（管制）；3. 無立場。 NSC2008： 請問您認為政府對兩岸經貿交流的政策，應該比現在更加開放還是加強管制？ 1. 開放；2. 管制；3. 無立場。 TNSS2012、TNSS2016： 請問您認為政府對兩岸經貿交流的政策，應該比現在更加開放還是加強管制？ 1. 開放；2. 管制；3. 無立場。	歸併為： 「開放」（傾向同意加強或開放與大陸經貿交流）、「管制」（傾向管制或降低與大陸經貿交流）、以及「無立場」（無意見、不知道、看情形或拒答）等三類。

表 A-2　主要自變項數的處理方式

變數	測量題目	處理方式
台灣整體經濟影響的評估	NSC2008： 如果政府完全開放兩岸經貿，請問您認為台灣的經濟情況會變得更好、更差，還是差不多？ 1. 更好；2. 差不多；3. 更差。 TNSS2012： 請問，您認為台灣整體的經濟狀況，有沒有因為馬英九總統的兩岸經貿政策而變好、變壞或是沒有改變？ 1. 變好；2. 沒有改變；3. 變壞。 TNSS2016： 請問，如果將來兩岸的關係變得比較緊張，您覺得台灣的經濟狀況會變得比較好、比較差、還是沒有影響？ 1. 比較好；2 沒有影響；3. 比較差。	整體經濟評估分為三類： 1. 變差； 2. 差不多； 3. 變好。

變數	測量題目	處理方式
個人經濟影響的評估	NSC2008： 如果政府完全開放兩岸經貿，請問您認為您個人的經濟情況會變得更好、更差，還是差不多？ 1. 更好；2. 更差；3. 差不多。 TNSS2012： 請問，您認為您家裡的經濟狀況，有沒有因為馬英九總統的兩岸經貿政策而變好、變壞或是沒有改變？ 1. 變好；2. 沒有改變；3. 變壞。 TNSS2016： 請問，如果將來兩岸的關係變得比較緊張，您覺得您家裡的經濟狀況會變得比較好、比較差、還是沒有影響？ 1. 比較好；2 沒有影響；3. 比較差。	個人經濟評估分為三類： 1. 變差； 2. 差不多； 3. 變好。
政黨認同	在國民黨、民進黨、新黨、親民黨跟台聯黨這五個政黨中，請問您認為您比較支持哪一個政黨？ 1. 國民黨；2. 民進黨；3. 新黨；4. 親民黨；5. 台聯黨；6. 都支持；7. 都不支持。	合併為三類： 1. 泛藍：包括國民黨、親民黨與新黨； 2. 泛綠：民進黨、台聯； 3. 中立與其他。
身分認同	我們社會上，有人說自己是「台灣人」，也有人說自己是「中國人」，也有人說都是。請問您認為自己是「台灣人」、「中國人」，或者都是？ 1. 台灣人；2. 都是；3. 中國人。	重新編碼為三類： 1. 台灣人； 2. 中國人； 3. 都是。
統獨立場	關於台灣和大陸的關係，有下面幾種不同的看法：1. 儘快統一；2. 儘快宣布獨立；3. 維持現狀，以後走向統一；4. 維持現狀，以後走向獨立；5. 維持現狀，看情形再決定獨立或統一；6. 永遠維持現狀。 請問您比較偏向哪一種？ 1. 儘快統一；2. 儘快宣布獨立；3. 維持現狀，以後走向統一；4. 維持現狀，以後走向獨立；5. 維持現狀，看情形再決定獨立或統一；6. 永遠維持現狀。	合併為三類： 1. 傾向統一：「儘快統一」與「維持現狀以後走向統一」； 2. 維持現狀：「永遠維持現狀」與「維持現狀看情形決定統一或獨立」； 3. 傾向獨立：「儘快獨立」與「維持現狀以後走向獨立」。

變數	測量題目	處理方式
大陸對我政府友善與否的認知	NSC2008： 請問，您認為大陸的政府對台灣的政府的態度是友善，還是不友善？ 1. 非常友善；2. 友善；3. 不友善；4. 很不友善；9. 無反應。	合併 1 與 2 成為 1.「較為友善」； 合併 3 與 4 成為 2.「較不友善」； 9 編碼為 3.「無意見」。
大陸對我民眾友善與否的認知	NSC2008： 請問，您認為大陸的政府對台灣的民眾的態度是友善，還是不友善？ 1. 非常友善；2. 友善；3. 不友善；4. 很不友善；9. 無反應。	合併 1 與 2 成為 1.「較為善善」； 合併 3 與 4 成為 2.「較不友善」； 9 編碼為 3.「無意見」
對中國大陸政府的好惡	TNSS2005／TNSS2012／TNSS2016： 我們想請教您對中國大陸政府的感覺度。如果以 0 到 10 分來表示，0 分表示非常不喜歡，10 分表示非常喜歡，請問在 0 到 10 分之間，您會給他幾分？	次數分配與交叉列表： 0～4：1. 不喜歡； 5：2. 普普； 6～10：3. 喜歡； 其他設為遺漏值。 模型保留 0～10，其他設為遺漏值。

表 A-3　其他控制變數的處理方式

變數	測量題目	處理方式
年齡	請問您是民國哪一年出生的？	依出生年區分為： 1. 年齡； 2. 年齡平方。
省籍	請問您的父親是本省客家人、本省閩南（河洛）人、大陸各省市人，還是原住民？ 1. 本省客家人；2. 本省閩南人；3. 大陸各省市；4. 原住民。	分為三類，原住民因個數過少而設為遺漏值： 1. 本省客家人； 2. 本省閩南人； 3. 大陸各省市人。
教育程度	請問您的最高學歷是什麼（讀到什麼學校）？ 1. 不識字及未入學；2. 小學；3. 國、初中；4. 高中、職；5. 專科；6. 大學；7. 研究所及以上。	分為三類： 1. 小學及以下； 2. 中學； 3. 大專及以上。

Appendix II

兩岸相關重大事件表

自 1911 年 10 月 10 日至 2018 年 1 月 16 日

年	月	日	事　記
1911	10	10	辛亥革命爆發。
1912	1	1	中華民國宣告成立。
1912	2	12	清朝宣統帝頒布退位詔書，中華民國正式繼承清朝統治中國。
1921	7	23	中國共產黨，由陳獨秀和李大釗於上海組織成立。
1945	10	25	第二次世界大戰結束後，中華民國國民政府從投降的日本接手統治台灣與澎湖群島。
1947	1	29	美國停止調停，國共內戰爆發。
1947	2	28	因前日專賣局查緝員在台北市查緝私菸不當使用公權力造成民眾死傷，後續發展造成民眾大規模反抗政府與攻占官署，國民政府派遣軍隊來台逮捕、鎮壓民眾，造成民眾大量傷亡。
1947	12	25	國民政府在南京通過中華民國憲法。
1948	4	18	國民大會通過《員戡亂時期臨時條款》，凍結中華民國憲法，自同年 5 月 10 日公布實施。
1948	4	19	蔣介石經過第一屆國民大會選舉為第一屆中華民國總統。
1949	1	21	蔣介石因國共內戰軍事節節敗退而下野。
1949	4	21	中國共產黨人民解放軍渡過長江。
1949	5	19	台灣省政府主席兼台灣省警備總司令陳誠頒布戒嚴令，宣告自同年 5 月 20 日 0 時起在台灣省全境實施戒嚴。
1949	10	1	中華人民共和國宣告成立。
1949	10	2	蘇聯承認中華人民共和國。
1949	10	25	中華民國國軍在金門古寧頭戰役擊退人民解放軍登陸。
1949	10	27	中華民國政府從成都遷往台北。
1950	2	14	毛澤東與史達林簽署《中蘇友好同盟互助條約》。
1950	3	1	蔣介石在台北復行視事。
1950	6	25	韓戰爆發。
1950	6	27	美國總統杜魯門發表「台灣海峽中立化」的聲明，並派遣第七艦隊巡弋台灣海峽。
1950	10	19	中國人民志願軍渡過鴨綠江進入韓國，參加韓戰。
1954	9	3	中國人民解放軍集結數百門重砲，突然向金門發射砲彈。

年	月	日	事　記
1954	9	27	中國大陸第一屆全國人民代表大會選舉毛澤東爲中華人民共和國第一任主席。
1954	12	2	中華民國與美國簽署《中美共同防禦條約》。
1955	5	30	中共總理周恩來在第一屆全國人大常委會第十五次會議首次提出「和平解放台灣」。
1958	8	23	中國解放軍發起大規模砲擊金門至 10 月 5 日。
1959	3	13	西藏發生暴動。
1959	4	27	劉少奇成爲中國大陸國家主席，毛澤東仍是中國共產黨黨主席。
1964	10	16	中共在新疆羅布泊進行第一次原子彈試爆。
1965	7	1	美國對台經濟援助終止，軍事援助持續。
1966	5	16	文化大革命開始。
1966	12	3	高雄加工出口區成立。
1968	11	2	劉少奇被拔除所有黨國職務。
1969	12	20	依據《動員戡亂時期自由地區中央公職人員增選補選辦法》選出 11 席增額立法委員。
1971	7	15	美國總統尼克森宣布將訪問中國大陸。
1971	9	13	中共中央軍委會副主席林彪在蒙古墜機身亡。
1971	10	25	聯合國大會在第二十六屆聯合國大會會議表決通過關於「恢復中華人民共和國在聯合國組織中的合法權利問題」的第 2758 號決議。中華人民共和國政府據此決議取得原由中華民國政府擁有的中國席位與代表權。
1972	2	28	美國總統尼克森訪問中國大陸並簽署上海公報。
1972	5	26	蔣經國擔任行政院院長。
1972	12	23	「中華民國自由地區增加中央民意代表名額選舉」於自由地區舉行，共選出 51 名（含 15 名國外選出之僑選立委）。
1975	4	5	蔣介石過世，嚴家淦繼任總統。
1975	4	28	行政院院長蔣經國當選中國國民黨黨主席。
1976	4	7	中共中央委員會任命華國鋒爲中共第一副主席以及國務院總理，鄧小平因遭控密謀造反而被拔除一切職務。
1976	9	9	毛澤東逝世。

年	月	日	事 記
1976	10	6	人民解放軍中央警衛團（俗稱 8341 部隊）逮捕江青、張春橋、王洪文、姚文元四人幫。
1976	10	24	華國鋒擔任中國共產黨黨主席。
1977	7	16	鄧小平復出擔任中共副主席以及政治局常委。
1977	11	20	在台灣舉行的縣市長選舉中，桃園縣縣長選舉疑因選舉舞弊因發民眾不滿在中壢市引發暴動。黨外人士許信良當選桃園縣縣長。
1978	5	20	蔣經國經過國民大會選舉爲總統。
1978	12	15	美國與中華人民共和國兩國政府宣布，自 1979 年元旦起互相承認並建立外交關係。
1978	12	16	蔣經國提出與中國共產黨「不接觸、不談判、不妥協」的三不政策。
1979	1	1	由中國大陸全國人民代表大會常務委員會發表的《告台灣同胞書》，倡議兩岸「三通」與「四流」。
1979	1	11	行政院院長孫運璿發表聲明拒絕北京和平會談。
1979	1	28	鄧小平進行爲期九天的訪美行程。
1979	3	1	取代中華民國駐美大使館的「北美事務協調委員會」成立。
1979	4	10	《台灣關係法》在美國國會通過。
1979	12	10	美麗島雜誌在高雄舉辦遊行，演變爲群眾事件。政府開始大規模限制反對運動。
1980	1	2	美國政府重起對台軍售。
1980	2	29	胡耀邦擔任中共總書記。
1980	5	16	中共中央委員會在鄧小平的支持下，發布文件同意深圳爲經濟特區。
1980	9	7	華國鋒請辭中國大陸國務院總理，由趙紫陽接任。
1981	3	23	中華民國同意以「中華台北」名稱參加奧運。
1981	4	1	中國國民黨第十二屆全國代表大會通過「貫徹以三民主義統一中國」案。
1981	6	29	中共選舉胡耀邦爲黨主席，鄧小平擔任中央軍委會主席，華國鋒被拔除黨內職務。
1981	9	30	中共人大常務委員會委員長葉劍英提出「關於台灣回歸祖國，實現和平統一的方針」（俗稱「葉九條」）。

年	月	日	事　記
1982	8	17	中國大陸與美國簽署中美公報（上海第二公報），載明美對台軍售在質與量上均不得超越兩國建交時的水準，且往後逐年遞減。
1983	9	18	黨外人士成立「黨外中央後援會」推薦候選人參加年底立法委員選舉。
1984	6	22	鄧小平提出中國大陸對香港與台灣的政策是「一國兩制」。
1985	9	16	《瞭望週刊》專文警告當國民黨拒絕協商、外國勢力介入以及台灣脫離中國時，中共政府將對台動武。
1986	3	10	中國大陸要求在亞洲銀行董事會將中華民國名稱改為中華台北後，始加入亞銀。中華民國政府代表抗議但是並未退席。
1986	9	28	黨外人士在台北圓山飯店召開「黨外中央後援會」，宣布成立民主進步黨。
1987	1	16	胡耀邦辭去中共總書記，由趙紫陽接任。
1987	7	15	蔣經國總統宣布解除《台灣省政府、台灣省警備總司令部布告戒字第壹號》戒嚴令。
1987	11	2	中華民國政府開放民眾赴大陸探親。
1988	1	13	蔣經國過世，李登輝繼任總統。
1988	1	27	李登輝當選中國國民黨黨主席。
1988	4	9	中國大陸全國人大選舉楊尚昆擔任國家主席，李鵬擔任總理。
1988	7	3	李鵬簽署新規定鼓勵台商赴陸投資。
1988	8	24	國民黨中常會通過李登輝主席提議設立大陸事務指導小組，由馬樹禮擔任召集人。
1988	9	11	中國大陸國務院下設立正部級的台灣事務辦公室。
1989	4	15	前中共總書記胡耀邦逝世，北大學生以大字報緬懷紀念。
1989	5	20	趙紫陽因為對天安門廣場示威群眾寬容而被拔掉所有職務，軍隊進入北京。
1989	6	4	中共解放軍在天安門向示威學生與群眾開火鎮壓。
1989	6	24	中共中央委員會譴責趙紫陽，江澤民接任中共總書記。
1990	3	21	中華民國國大代表選舉李登輝與李元簇就任第八屆總統副總統。
1990	4	4	中國大陸全國人大通過香港《基本法》。
1990	6	21	中華民國大法官會議通過釋字第261號解釋文，要求所有在中國大陸選出的民意代表於1991年12月31日前退職。

年	月	日	事　記
1990	6	28	李登輝總統要求召開國是會議。
1990	8	1	報導指出台塑企業打算前往大陸福建設廠，台灣政府表示將提供台塑設廠必要的協助。
1990	9	1	行政院院長郝柏村第一次施政報告提出兩岸是一國兩區。
1990	9	19	兩岸紅十字會簽署金門協議，處理遣返偷渡客事宜。
1990	10	7	李登輝成立國家統一委員會，民進黨通過政府的事實主權不及於中國大陸與蒙古決議文。
1990	10	18	中華民國政府在行政院中成立大陸事務委員會。由行政院副院長施啓揚擔任首任主委。
1990	11	21	非官方的海峽交流基金會成立，由辜振甫擔任董事長。
1991	2	23	國統會通過三階段統一程序的國統綱領。
1991	4	22	國民大會通過廢止《動員戡亂時期臨時條款》，李登輝總統在4月30日的記者會中宣布將於5月1日零時終止。
1991	5	17	立法院三讀通過廢除《懲治叛亂條例》，並在同月22日正式由總統宣告廢止。
1991	12	21	國民大會代表首次在中華民國自由地區辦理全面改選。此次選舉共選出325席，包含219名區域代表、6名原住民代表、80名全國不分區代表、20名僑居國外國民代表。
1992	1	1	開放大陸地區配偶申請來台居留。
1992	8	1	國統會通過「關於一個中國」的涵意說明。
1992	9	18	兩岸人民關係條例暨施行細則開始施行。
1992	10	28-29	海峽兩岸兩會事務性協商在香港舉行。
1992	12	19	立法委員首次在中華民國自由地區辦理全面改選，此次共選出161席，包含119席區域立法委員、6席原住民立法委員，30席全國不分區立法委員和6席僑選立法委員。
1993	4	27	辜汪會談於新加坡舉行三天。海基會辜振甫董事長、大陸海協會汪道涵會長並代表兩會簽署協議：一、「兩岸公證書使用查證協議」。二、「兩岸掛號函件查詢、補償事宜協議」。三、「兩岸聯繫會談制度協議」。四、「辜汪會談共同協議」。
1994	3	5	中共「人大」通過《台灣同胞投資保護法》。
1994	3	31	千島湖事件台北木柵往大陸進香順道觀光遊覽的進香團，24名台灣民眾在浙江千島湖遭到搶劫並被凶手燒死。

年	月	日	事　記
1994	7	5	陸委會公布政府首部大陸政策白皮書《台海兩岸關係說明書》，共分八種語文發行。
1995	1	30	中共江澤民總書記發表「江八點」，堅持「一個中國」、「一國兩制」框架下，提出發展兩岸關係的八項主張。
1995	2	21	行政院連院長戰提出「面對現狀增加交流，相互尊重，追求統一」報告，強調現階段兩岸關係仍宜以經貿關係為主，以回應江澤民所提「江八點」。
1995	4	8	李總統於國統會發表「建立兩岸正常關係，塑造統一有利形勢」談話，並提出建立現階段兩岸正常關係六點主張。
1995	6	7	李總統啓程赴美進行私人性訪問至 12 日返台。其間中共發表五篇抨擊性文章。
1995	7	21-26	中共對台灣附近海域進行第一波導彈射擊，以軍事武力威脅我方。
1995	7	31	中共國防部部長遲浩田在中共建軍六十八週年會上表示：「解放軍」對統一問題絕不會承諾放棄使用武力，如果台灣當局一意孤行製造分裂，絕不會坐視不管。
1995	8	15-25	中共對台灣附近海域進行第二波導彈射擊，以軍事武力威脅我方。
1995	9	9	李總統赴金門巡視表示：中華民國在台、澎、金、馬的存在事實，不容否認，我們堅持依據國統綱領原則與步驟，最後統一在民主、自由、均富制度下，而不是「一國兩制」之下。
1995	10	24	美國總統柯林頓與中共國家主席江澤民舉行「柯、江會談」，達成以「三公報」原則處理台海問題的共識。
1996	3	8	中共開始在台灣兩端進行導彈發射訓練。
1996	3	12	中共開始在廈門至汕頭一帶沿海舉行海空實彈演習。
1996	3	13	中共向台灣高雄港外水域發射第四枚導彈。
1996	3	18	中共開始在福建平潭附近海面舉行陸海空聯合演習。
1996	3	19	中共軍隊進行搶灘攻占一個小島的演習。
1996	3	21	中共軍機演習。
1996	5	20	李總統就職演說中提出：一、呼籲兩岸正視處理結束敵對狀態問題。二、兩岸隔海分治事實及追求國家統一目標。三、開創「中國人幫中國人」的新局。
1997	3	9	中共第十五屆人大會議通過《國防法》，以法律形式制定其國防基本原則和防務政策，顯示中共有意化解國際間對「中國威脅論」的疑慮。中共「國防部部長」遲浩田稱此法具對台獨和其他企圖分裂國家活動保持高度警惕和戒備。

年	月	日	事　記
1997	3	18	立法院三讀通過《香港澳門關係條例》。
1997	4	26	總統府正式成立國家發展諮詢會議，下設憲政體制、兩岸關係及經濟發展三小組，由黃昆輝秘書長出任執行長。
1997	5	22	行政院通過「香港事務局組織規程」，為九七後駐港機構催生。
1997	6	16	陸委會發表「中華民國政府對九七香港情勢的立場與政策」說帖。
1997	7	1	香港主權由英國移交中共接管，終止英國一百五十六年殖民統治。凌晨 1 時 30 分香港特別行政區成立，行政長官董建華宣誓就任。行政院大陸委員會香港事務局成立，並任命鄭安國為首任局長。「香港澳門關係條例」及其十三種相關法規發布施行。
1997	7	3	李總統於中外記者茶會中宣示：台灣不同於香港，故「一國兩制」絕不適用於台灣，我們永不放棄自由制度與和平希望，盼望中共能確保香港的繁榮與法治。
1997	8	1	中共國防部部長遲浩田於「解放軍建軍七十週年紀念」中重申：「中國絕不放棄武力，這是針對台獨勢力，分裂祖國和外來勢力干涉」。
1998	6	24	內政部境管局發布《大陸專業人士來台從事專業活動許可辦法》簡化並明確規定大陸地區專業人士來台申請手續，並自 7 月 1 日起實施。
1998	6	30	美國總統柯林頓於訪問中國大陸期間，說明了美國對台的「三不」政策（不支持台灣獨立、不支持「兩個中國」或「一中一台」、不支持台灣加入以國家為會員資格的國際組織）。也重申了美國希望和平解決兩岸問題的立場。
1998	7	22	李登輝總統於國統會中提出「民主統一」新宣示，盼兩岸在分治中國的現實基礎上，協商並簽署兩岸和平協定。
1998	7	27	中共國務院新聞辦公室發表「中國的國防」白皮書。白皮書針對兩岸關係重申，中共不承諾放棄使用武力，來維護本國的主權和領土的完整。
1998	7	31	在中國遼寧省大連遭到綁架的高雄市議員林滴娟今天證實已經在 29 日遇害。
1998	8	21	經濟部舉行經貿事務專案小組會議，成立「台商服務窗口」，以協助在大陸投資的台商。
1998	9	15	內政部法規會審查通過「港澳居民進入台灣地區及居留定居許可辦法修正草案」。
1998	9	24	內政部通過「大陸地區人民進入台灣地區許可辦法修正案」。

年	月	日	事　記
1998	10	15	海基會董事長辜振甫及代表團與大陸海協會會長汪道涵等在上海新錦江飯店舉行第二次會晤，達成四點共識。
1998	10	18	海基會大陸訪問團會晤江澤民。辜振甫董事長在與江澤民會面時，特別提出了台灣的政治民主化經驗與經濟發展成就，並表示願與大陸同胞共同分享。
1998	10	18	香港國際事務學院在香港大會堂宣布成立「海峽兩岸關係研究中心」，由該學院院長黃學海兼任研究中心主任。
1998	10	27	中共公安部宣布將簡化台商入境手續，包括放寬台商辦理多次入出境簽注、暫住加註的有效期限，簡化審批辦理與時限。
1998	11	5	行政院通過「兩岸人民關係條例第廿一條修正草案」，大陸地區人民如經許可進入台灣，在台設戶籍滿兩年，且併計台灣在內，在其他自由地區住滿十年，可依法令規定擔任大學教職。
1998	11	30	行政院大陸委員會委員會議通過《台灣地區與大陸地區人民關係條例》第 16 條修正草案，對於民國 34 年及 38 年間因兵役及探親等因素滯留大陸，後來才來台定居的大陸人士，其直系血親與配偶可開放來台定居。
1999	1	15	中共副總理錢其琛公布 1999 年後大陸處理澳門涉台問題的七項基本原則和政策，即「台澳關係錢七條」。
1999	1	20	我駐澳門代表厲威廉啓程赴澳門履新，厲代表行前表示，希望大陸以務實態度看待台澳關係，維持目前台、澳往來模式，便利雙方人民交流。
1999	2	9	海基會與大陸紅十字會人員在金門簽署「交接書」，將近年劫機來台並服刑期滿之劉保才、羅昌華、王玉英、鄒維強、李向譽等五名大陸劫機犯交由大陸紅十字會人員接回。
1999	2	11	針對外電報導大陸在東南沿海將百餘枚M族飛彈瞄準台灣一事，行政院大陸委員會主任委員蘇起表示；此爲相當不友善的舉動，已經嚴重傷害人民感情。
1999	3	1	中共於北京召開「澳門特別行政區籌備委員會第六次全體會議」，中共國務院副總理錢其琛在致詞時表示，未來「澳門特區」與台灣關係，就像香港與台灣的關係一樣，均爲「兩岸關係的一個特殊組成部分」。
1999	3	29	行政院大陸委員會召開委員會議，審議通過「台灣地區與大陸地區訂定協議處理條例」草案，決定以立法手段規範處理未來兩岸談判機構簽署的各項協議。

年	月	日	事　記
1999	4	10	中共國務院總理朱鎔基和美國總統柯林頓在華盛頓就中國加入世界貿易組織問題發表聯合聲明。
1999	6	4	陸委會香港事務局局長鄭安國表示，政府為方便港澳居民進出台灣地區，責成負責簽證業務的中華旅行社4日開始推出三項新措施。
1999	6	30	中共外貿經部副部長龍永圖在紐西蘭奧克蘭參加亞太經合會議時表示，世界貿易組織（WTO）必須讓中共在台灣之前加入，否則中共將採取一切措施，阻止台灣加入該組織。
1999	7	9	李登輝總統在總統府接受「德國之聲」專訪時表示，中華民國自1991年修憲以來，已將兩岸關係定位在「國家與國家，至少是特殊的國與國關係」，這是「特殊國與國關係」或是「兩國論」初次見諸媒體。
1999	8	2	國防部軍事發言人孔繁定表示，大陸在其境內試射新型遠程彈道飛彈，以嚇阻強權國家為主，不至於用於犯台作戰。
1999	8	31	中共解放軍報報導，解放軍近日在東海舉行潛艇演習、在新疆的高海拔地區進行導彈試射的情況，明確顯示軍方不排除選擇武力解決兩岸問題的決心。
1999	9	21	今天上午1時47分15.9秒於台灣中部山區發生逆斷層型地震，共持續約102秒，震央位於北緯23.85度、東經120.82度，處於南投縣集集鎮境內，震源深度約8.0公里，芮氏規模7.3。
1999	10	9	李總統發表雙十國慶祝詞時，再次強調兩岸關係為「特殊的國與國關係」。
1999	11	2	行政院院長蕭萬長在立法院重申政府兩岸政策主張指出，兩岸關係發展以「國家安全」、「台灣優先」、「兩岸雙贏」與「國際關係」為四大基礎，並在「特殊國與國關係」的明確定位上，追求國家長遠和平統一。
1999	12	1	副總統連戰表示，未來將以「三不」：不獨、不統、不對立；「三要」：要和平、要交流、要雙贏，為台灣海峽問題提供解決之道。
1999	12	19	行政院已決定放寬大陸配偶來台停留時間，以團聚名義申請，最長可達一年，將同享工作權及健保。
1999	12	27	我駐澳門機構正式改名，並掛出新名牌「台北經濟文化中心」。
2000	2	1	中共外交部發言人朱邦造稱，美國眾議院通過《台灣安全加強法》將威脅中（共）美兩國的關係以及亞太地區的和平與穩定，因此，要求美政府應採取有效措施阻止該法成為法律。

年	月	日	事　記
2000	2	21	中共「國務院台灣事務辦公室」、「國務院新聞辦公室」發表《一個中國的原則與台灣問題》白皮書，列出中共對台動武的「三個如果」條件。
2000	3	15	中共國務院總理朱鎔基在北京第九屆全國人大第三次會議人大閉幕中外記者會上稱，「誰上台都不可搞台獨，……誰要是搞台灣獨立，你就沒有好下場」。
2000	3	18	今天舉行中華民國第十屆總統、副總統選舉，陳水扁、呂秀蓮當選。
2000	3	21	立法院三讀通過《離島建設條例》，試辦金門、馬祖、澎湖對大陸直接通郵、通航、通商的「小三通」。
2000	5	20	陳水扁、呂秀蓮正式宣誓就職第十屆中華民國總統、副總統。總統當選人隨即發表「台灣站起來，迎接向上提升的新時代」就職演說並就兩岸關係提出「四不一延續」的主張。
2000	6	15	中共針對台灣進香旅客赴大陸朝拜媽祖提出四項原則。
2000	7	19	總統府秘書長張俊雄緊急發布新聞強調，陳水扁總統及新政府絕對不會出現「密使」的做法。同時強調，「非制度化」的密使，絕不能取代「制度化」的海基、海協兩會。
2000	9	6	大陸成立海峽兩岸關係研究中心，大陸海協會會長汪道涵擔任該中心名譽主任，前國務院台辦副主任唐樹備爲主任。
2000	9	8	兩岸首次由馬祖直航大陸福建珠頭碼頭遣返大陸偷渡客，由連江縣警局負責遣返任務。
2001	1	1	依據《試辦金門馬祖通航實施辦法》，試辦金馬小三通。
2001	2	6	第一艘首航台灣金門的大陸廈門客輪，完成了往返金、廈的歷史性航程。
2001	4	9	勞委會公布實施《大陸地區配偶在台灣地區停留期間工作許可及管理辦法》。
2001	5	27	陳總統於「合作共榮，睦誼之旅」在瓜地馬拉與隨行記者茶敘時，提出兩岸「新五不政策」。
2001	7	12	中共「國務院副總理」錢其琛於會見我新黨民意代表等成員一行時，提出「一國兩制」的七項內容。
2001	8	6	海基會去函大陸海協會，就大陸漁船擅入我方海域並使用不法漁具作業乙事，協調大陸相關單位嚴格約束大陸地區漁民。
2001	8	28	華盛頓時報報導，據美國最新情報顯示，中共陸續在福建、浙江等沿海地區增設 M 族短程戰術彈道導彈。

年	月	日	事　記
2001	9	5	行政院會通過「試辦金門馬祖與大陸地區通航實施辦法修正案」，增訂我船舶經專案核准可由澎湖進入大陸地區。
2001	9	27	中共外交部發言人朱邦造在記者會上強調依 APEC 有關諒解備忘錄的規定和慣例，「陳水扁不能參加上海 APEC 的會議」。
2001	10	18	APEC 記者會上中共「外交部部長」唐家璇「糾正」我方媒體不應以「中共」稱呼其政權，並悍然拒絕我經濟部部長林信義發言。
2001	11	7	行政院院會通過大陸投資「積極開放、有效管理」政策，取消大陸投資個案 5,000 萬美元上限，建立新的審查機制。
2001	11	7	行政院會宣布第二階段兩岸金融業務往來措施，決定放寬國際金融業務分行（OBU）與大陸銀行直接通匯。
2001	11	11	中華人民共和國加入世界貿易組織（WTO）。
2001	11	12	台灣加入 WTO。
2001	12	25	行政院金馬小三通指導委員會決定，金馬「小三通」試辦期間展延一年。
2002	1	11	立法院審查通過「大陸地區人民在台灣地區居留數額表」，大幅放寬大陸配偶來台限制與名額。
2002	1	15	中共國台辦以中央台辦、國台辦新聞發言人的名義發表聲明稱，台灣護照加註之舉是在進行「漸進式台獨」，勢將加劇兩岸關係緊張，使台灣自食惡果。
2002	4	2	立法院三讀通過《台灣地區與大陸地區人民關係條例》第 24 條、第 35 條及第 69 條條文修正案，通過開放陸資來台投資土地及不動產、大陸投資盈餘得自應納稅額扣抵、准許未經核准赴大陸投資廠商於六個月內補辦報備登記。
2002	8	3	第二十九屆世界台灣同鄉會聯合會在東京召開。陳水扁總統在總統府透過視訊直播方式致開幕詞時強調，台灣和對岸的中國是「一邊一國」。
2002	11	15	中國共產黨第十六次全國代表大會 14 日閉幕胡錦濤接任黨總書記。
2003	1	11	金門客輪「東方之星」號載著以金門縣議員楊應雄為團長的楊氏宗親及金門各界人士 145 人，泊進泉州后渚港，為金門與泉州之間五十多年第一次客輪直航。
2003	1	26	兩岸春節包機展開歷史性首航。
2003	3	18	中共新任國務院總理溫家寶，在第十屆人大第一次會議閉幕後舉行中外記者會，表示將堅定實行「和平統一，一國兩制」方針。

年	月	日	事　記
2003	3	25	行政院陸委會決議，為免嚴重急性呼吸道症候群（非典型肺炎）疫情擴散到金馬地區的風險，暫不擴大小三通實施範圍。
2003	5	8	中共外交部發言人章啓月聲稱，堅決反對台灣成為世界衛生大會的觀察員。
2003	6	12	外交部發表「護照封面加註 TAIWAN 字樣」說帖指出，在護照封面的國徽下加註 TAIWAN 字樣，將於 9 月 1 日發行。
2003	7	30	美國國防部向國會提交「2003 年中國解放軍軍力報告」，首次提及中共在海峽對岸布署飛彈瞄準台灣，並指出中國布署的短程彈道飛彈已達到 450 枚左右。
2003	10	26	中共國台辦新聞發言人就公投制憲遊行活動發表談話，指出陳水扁總統的「四不一沒有」承諾不變的談話，是欺人之談。
2003	11	27	立法院通過《公民投票法》。
2003	11	30	陳水扁總統表示，中共在 600 公里範圍內布署 496 枚導彈，是進行式外力威脅，為確保台灣主權、人民安全、明年 3 月 20 日將進行防禦性公投。
2003	12	5	陳水扁總統接受紐約時報專訪時，宣布防衛性公投題目為：「兩千三百萬的台灣人民堅定地要求中華人民共和國能夠立即撤除對台飛彈，以及宣示不再對台灣使用武力」。
2004	1	6	中國大陸為進一步促進三通，成立「海峽兩岸經貿交流協會」（簡稱「海貿會」），由李水林出任第一屆會長、中共商務部台港澳司長王遼平擔任常務副會長。
2004	2	4	行政院院會通過總統所提 320 和平公投「強化國防公投」、「對等談判公投」兩項議題，並交中央選舉委員會展開行政作業。
2004	2	28	舉辦訴求愛與和平、族群團結的「二二八百萬人手護台灣」，並且以反飛彈、要和平的訴求對中國大陸對台布署飛彈表示抗議
2004	3	3	行政院核定「三二〇大選金馬小三通」專案，同意比照今年春節返鄉專案模式，於總統大選期間專案辦理大陸台商經由「小三通」返台投票。
2004	3	14	中共總理溫家寶在第十屆人大第二次會議中外記者會提出對台政策四個「最大努力」。
2004	3	19	陳水扁總統候選人和呂秀蓮副總統候選人今天下午 1 時 45 分在台南市文賢路、金華路口掃街拜票時，遭到槍擊。
2004	3	20	陳水扁總統發表 2004 年總統大選當選感言，呼籲對岸的北京當局，正面看待台灣總統大選及公投的結果，接受台灣人民民主的選擇。

年	月	日	事　記
2004	5	31	中共人民日報海外版頭版文章指出，中共國台辦發言人張銘清在記者會中，表示不歡迎在大陸賺錢又回到台灣支持台獨的台商，其所指的就是所謂的「綠色」台商。
2004	5	31	香港大公報報導，共軍將於6月在福建東山島舉行海陸空聯合軍事演習，演習目標首次鎖定為「爭奪台海制空權」。
2004	6	7	香港文匯報報導，中共權威人士表示，如果美國不售台先進武器，中共可以考慮撤掉布署在東南沿海的導彈。
2004	8	20	針對台灣今年7月至今連續發生兩次大陸觀光客集體在台「失蹤」事件，中共公安部出入境管理局局長崔芝崑呼籲台灣，盡快派人到大陸，共商如何解決這種新型的偷渡方式。
2004	9	14	中共外交部發言人孔泉就我總統夫人率團參加雅典殘障奧運一事，在例行記者會上表示，希望殘奧會能夠執行聯合國的2758號決議，妥善處理好「一個中國」問題。
2004	12	4	陸委會吳釗燮主委出席第三屆「台、日交流座談會」引言時提出「兩岸學界信心建立機制」（ACBM）。
2004	12	27	針對中國公布《2004年中國的國防》白皮書，行政院發言人陳其邁呼籲，兩岸應共同建立軍事互信機制，以確保台海的和平與穩定。
2005	1	3	海協會致函海基會，哀悼海基會辜董事長振甫先生逝世。
2005	1	29	兩岸春節包機首航，兩岸八家航空公司共18架次班機往返兩岸，共計載客2,000餘人。
2005	3	14	中國大陸第十屆全國人民代表大會第三次會議通過《反分裂國家法》，其中第8條規定：「台獨」分裂勢力以任何名義、任何方式造成台灣從中國分裂出去的事實，或者發生將會導致台灣從中國分裂出去的重大事變，或者和平統一的可能性完全喪失，國家得採取非和平方式及其他必要措施，捍衛國家主權和領土完整。
2005	4	26	國民黨黨主席連戰等一行近70人於今日由台北啟程，展開為期八天的「和平之旅」，並於29日與中央總書記胡錦濤會晤後發表五點「新聞公報」。
2005	5	3	中共中央台灣工作辦公室、國務院台灣事務辦公室主任陳雲林宣布，大陸同胞向台灣同胞贈送一對象徵和平團結友愛的大貓熊。
2005	5	10	陳水扁總統接受德國「南德日報」駐東京特派員考夫曼（Marco Kauffmann）專訪表示，海峽兩岸中華民國與中華人民共和國都是主權獨立的國家，不但分立、分治，而且互不隸屬。

年	月	日	事　記
2005	6	11	前行政院院長張俊雄擔任海基會董事長。
2005	7	12	中共總書記胡錦濤會見新黨黨主席郁慕明。
2005	7	28	大陸商務部新聞發言人宣布，為擴大台灣水果在大陸的銷售，將於 8 月 1 日起正式對原產台灣地區的 15 種水果實施進口零關稅措施。
2005	9	2	中國大陸國家統計局副局長朱向東來台參加專業交流活動期間不幸意外去世。
2005	9	2	大陸民航總局有關主管部門批准台灣長榮、中華、立榮、華信 4 家航空公司飛越大陸空域的申請。
2005	10	14	陳水扁總統指派立法院院長王金平擔任特使出席釜山亞太經濟合作會議（APEC）非正式領袖高峰會。
2005	12	26	中國大陸禽流感大流行，陸委會表示，中國當局雖然公布疫情，但是否隱匿真實疫情，已受到鄰近各國及相關國際組織質疑。
2006	2	7	2006 年兩岸春節包機結束。兩岸各六家航空公司的 144 個航班共搭載台胞 27,397 人，搭載率八成一。其中台灣公司搭載 14,856 人，搭載率為九成；大陸公司搭載 12,541 人，搭載率七成三。
2006	2	15	中共海峽兩岸關係協會致函台灣海峽交流基金會，對孫運璿院長逝世深表哀悼。
2006	2	27	總統主持國安高層會議，作成「『國家統一委員會』終止運作，不再編列預算，原負責業務人員歸建；《國家統一綱領》終止適用，並依程序送交行政院查照」之決議。
2006	3	2	中國常駐聯合國代表王光亞緊急約見聯合國秘書長安南與第六十屆聯大主席埃利亞松，轉達中國政府對陳水扁終止國統會和國統網領的嚴重關切。
2006	3	9	世界衛生組織（WHO）官方網頁發生將台灣列入禽流感疫情傳播地區的錯誤，經台灣方面強烈抗議與溝通後，終於 13 日由 WHO 更新網站地區資訊。
2006	6	5	我交通部決定開放台灣農產品運輸至中國大陸的「綠色通道」。
2006	6	18	福建泉州石井港開通至澎湖馬公港的貨運航線，並舉行首航儀式，這也是大陸貨運首次直航澎湖。
2006	6	22	兩岸就中國大陸毛巾進口特別防衛措施（進口救濟）舉行雙邊諮商，這也是 2002 年年底以來，兩岸在世界貿易組織（WTO）架構下的第一次正式諮商。

年	月	日	事　記
2006	7	19	兩岸首架專案貨運包機於 19 日晚從台北飛往上海。
2006	7	21	中國大陸外交部發言人劉建超在回答記者時表示，中方已就美國同意向台灣出售戰鬥機向美方提出嚴正交涉，敦促美方恪守三個聯合公報特別是「八一七」公報的規定。
2006	7	30	行政院院長蘇貞昌表示，兩岸開放措施是秉持陳總統的「積極管理、有效開放」政策，對投資中國會設定上限管控，健全台灣的投資環境及提升國內投資率。
2006	8	2	國民黨智庫國家政策基金會宣布，預定 10 月 13 日到 18 日，在台北召開「兩岸農業合作論壇」，並邀請中共國台辦主任陳雲林來台與會。
2006	8	7	8 月 8 日起，泉州市公安局開始受理五年期《台灣居民來往大陸通行證》（通稱台胞證）及簽註申請。
2006	9	9	由前民進黨黨主席施明德發起的百萬人反貪倒扁活動今起在北市舉行。
2007	1	8	陳水扁總統展開「攜手共榮、邦誼永續」之旅。
2007	1	18	行政院陸委會表示，《兩岸條例》第 26 條第 3 項規定，對於領取月退休金公務員而在大陸地區設有戶籍或領用大陸地區護照者，「停止領受月退休金之權利」之規定，並無違憲問題。
2007	1	31	中國大陸國台辦指出：自「金門協議」簽署以來，據不完全統計，兩岸紅十字會共實施遣返作業 286 次，雙向遣返 37,790 人，其中大陸遣返回台灣共計 266 人。
2007	2	12	陳水扁總統出席台灣郵政股份有限公司揭牌儀式致詞時強調，「台灣郵政」與「台灣郵票」只是將台灣建設成一個正常而且完整國家所走的一小步，以台灣的名稱積極參與國際社會，仍需要全民的支持與參與。
2007	3	16	大陸將於 3 月 20 日起，正式對原產台灣地區的 11 種蔬菜和 8 種水產品實施進口零關稅措施。
2007	4	12	行政院陸委會新任主委陳明通表示，陸委會主委的工作應該是要在做好國家安全的管理下，積極推動兩岸經貿、文教、社會等交流。
2007	5	15	福州－澎湖貨運直航儀式在福州市連江縣舉行，這是福建沿海與澎湖貨運直航常態化的首次直航。

年	月	日	事　記
2007	5	22	行政院大陸委員會副主委童振源指出：在中國的壓力之下，世界動物衛生組織（OIE）行政委員會通過中國所片面提出的決議案草案，要求台灣以非主權地區成員身分繼續參與該組織活動，陸委會對此表達強烈不滿與抗議。
2007	6	11	首次兩岸端午包機於 12 日首航。
2007	6	17	台灣在捷克「布拉格劇場設計四年展」中，以國家之名參展，會員資歷比台灣久的中國大陸因而退出。
2007	7	3	陳水扁總統以「北京的一個中國──兩岸關係的掣肘」爲題，投書美國「華盛頓時報」（Washington Times）指出，「一國兩制」的「兩制」是假的，「一國」才是眞的；「一國兩制」的「香港模式」到台灣變成「一中各表」的「九二共識」。1992 年香港會談，台灣與中國並沒有達成任何形式的共識，更遑論所謂的「九二共識」。
2007	7	6	我「洗衫坑舞集」應邀赴以色列參加「第二十二屆國際民族舞蹈藝術節」系列展演活動，竟遭中國團員強行取下舞台上與各國國旗並列的中華民國國旗。
2007	7	11	陳水扁總統以錄影談話方式在歐洲議會「台灣解嚴二十週年紀念酒會」致詞時表示，台海兩岸關係最根本的問題是民主，如果中國無法走向民主，始終堅持一黨專政、極權統治，則中國軍事擴張與武力侵略的潛在危險性，也將日益升高。
2007	7	20	陳水扁總統致函聯合國潘基文秘書長正式提出以台灣名義申請加入聯合國。
2007	8	20	福建公安廳出入境管理部門正式委託廈門市公安局出入境管理處，爲大陸赴金門旅遊的申請人製作「大陸居民往來台灣通行證」。
2007	9	21	中國北京奧組委執行副主席蔣效愚宣布，由於中國台北奧委會單方面終止有關北京奧運會聖火赴台的協商，國際奧委會正式通知北京奧組委取消傳遞火炬入台。
2007	9	22	第六十二屆聯大第二次全會就總務委員會建議不將我「入會案」提案列入議程事，進行討論。
2007	10	1	中國大陸公安部實施包括大陸居民、港澳居民、台灣居民以及華僑在內，免填出境登記卡等 12 項措施。
2007	10	28	福建開放莆田港爲小三通貨運直航港口。
2007	11	7	中國國家廣電總局副局長田進宣布，自明年 1 月 1 日起，大陸與台灣合拍的電視劇，可視爲大陸生產的電視劇播出和發行。

年	月	日	事　記
2008	3	15	行政院大陸委員會針對中國以武力鎮壓西藏抗爭活動，代表中華民國政府發表強烈譴責。
2008	3	19	行政院張俊雄院長在行政院院會中裁示，將春節「小三通」返鄉專案常態化。
2008	3	22	國民黨提名的正副總統候選人馬英九與蕭萬長，擊敗民進黨提名的謝長廷與蘇貞昌，當選中華民國第十二屆總統副總統。
2008	4	3	行政院公告：修正《試辦金門馬祖與大陸地區通航實施辦法》部分條文，自97年4月1日施行。
2008	4	8	中國外交部發言人姜瑜在例行記者會表示，蕭萬長將以「兩岸共同市場基金會」董事長身分出席博鰲亞洲論壇。
2008	4	12	中共中央總書記胡錦濤在博鰲亞洲論壇，會見副總統當選人蕭萬長先生，兩人均同意，兩岸應盡快恢復協商。
2008	5	13	陳水扁總統對中國大陸四川汶川地區發生的震災表達關切。
2008	5	14	行政院院長張俊雄宣布，對於中國四川震災，政府將提供規模新台幣20億元賑災計畫，分兩階段執行。
2008	5	20	中華民國第十二任總統馬英九在就職慶祝大會以「人民奮起，台灣新生」為題，發表就職演說呼籲，兩岸不論在台灣海峽或國際社會，都應該和解休兵，並在國際組織及活動中相互協助、彼此尊重。也將落實「不統、不獨、不武」的政策。將在中華民國憲法架構下維持台海現狀。
2008	6	3	中國國務院公布，任命王毅為國務院台灣事務辦公室主任；海協會推舉陳雲林為海協會會長。
2008	6	10	行政院大陸委員會發表「中華民國政府對現階段開展兩岸協商之政策說明」指出，政府將在「以台灣為主、對人民有利」的前提下，在「九二共識」的基礎上，恢復海基、海協兩會制度化的協商機制，與大陸展開協商。我們期待兩岸能秉持「擱置爭議、追求雙贏」的原則，在兩會恢復制度化協商後，共同為兩岸利益尋找平衡點，使兩岸關係邁向一個新的境界。
2008	6	11	海基會董事長江丙坤率團起程前往中國大陸進行協商。兩會在13日簽署《海峽兩岸包機會談紀要》及《海峽兩岸關於大陸居民赴台灣旅遊協議》。
2008	6	19	行政院院會通過「試辦金門馬祖與大陸地區通航實施辦法修正案」，全面開放台灣地區人民、外國人、香港及澳門居民，得持憑入出境有效證件，經內政部入出國及移民署查驗許可後，由金門、馬祖入出大陸地區。

年	月	日	事　記
2008	7	2	台北關稅局爲配合政府兩岸直航政策，於 7 月 1 日正式派員進駐松山機場辦公處所，並自 7 月 4 日起提供機場出、入境旅客通關作業窗口服務。
2008	7	18	大陸地區人民來台觀光於 7 月 18 日步入常態化。
2008	7	22	行政院大陸委員會開放人民幣在台兌換。
2008	7	30	馬英九總統爲我國參加「2008 年北京奧林匹克運動會」代表團授旗時表示，海峽兩岸都能夠以「擱置爭議、共創雙贏」的精神，讓本來可能阻礙這次運動選手參賽的事件能夠在峰迴路轉、雨過天青之後圓滿落幕。
2008	9	3	行政院大陸委員會發布「12 億川震捐款滯台」澄清新聞稿指出，經兩岸兩會多次函電往返，雙方逐漸確認台灣捐款主要將運用在長期的災後重建之用。
2008	9	12	中國河北省三鹿集團生產的嬰幼兒奶粉遭三聚氰胺污染。
2008	9	23	大陸奶精等原料污染嚴重，衛生署下令全面下架。
2008	10	21	中共「海峽兩岸關係協會」就張銘清在台南市遭暴力襲擊事件致函台灣海峽交流基金會，表示強烈憤慨和嚴厲譴責。
2008	10	27	馬英九總統接受中央社專訪時指出，過去政府與新加坡洽簽 FTA 時，除了大陸阻撓的因素外，台灣堅持「台灣經濟體」名義，也是破局的原因，台灣若以世界貿易組織（WTO）的台澎金馬獨立關稅領域，簡稱中華台北（Chinese Taipei），與其他國家洽簽 FTA，也許機會就增加很多。
2008	12	15	兩岸空運、海運直接通航和直接通郵啓動。
2009	1	7-10	海基會董事長江丙坤率團前往深圳、東莞、廣州及南京等地探訪台商，並與大陸海峽兩岸關係協會會長陳雲林會面。
2009	2	24	中華郵政公司表示，自 2 月 26 日起開辦「大陸郵政匯入匯款業務」。
2009	3	6	行政院院長劉兆玄在立院答詢及接受電視專訪時提出，「兩岸經濟合作架構協議」（ECFA）談判的「三不三要」原則。
2009	4	30	世界衛生組織致函邀請我方派員以觀察員身分參加今年的世界衛生大會。
2009	5	20	馬英九總統舉行就職一週年英文記者會時表示，政府單方面宣布「互不否認」政策，也宣示要與中國大陸在國際舞台上「外交休兵」，促使兩岸恢復和平協商，並結束兩岸在國際社會的外交惡鬥。

年	月	日	事　記
2009	6	30	經濟部發布《大陸地區人民來台投資許可辦法》及《大陸地區之營利事業在台設立分公司或辦事處許可辦法》，自6月30日施行。
2009	7	8	近日新疆烏魯木齊發生嚴重流血衝突及人員傷亡事件，行政院大陸委員會表示，政府對於在此一事件中出現的暴力行為，嚴屬譴責；對於因此造成的傷亡，表示高度的關切與遺憾。
2009	7	21	上海世博會與台北世界貿易中心股份有限公司在上海正式簽署2010年上海世博會台灣館參展協議。
2009	8	7	中度颱風莫拉克於23時50分左右在花蓮市附近登陸，8月8日11時左右中度颱風莫拉克減弱為輕度颱風，並於14時左右於桃園附近出海，由於颱風帶來超乎預期之雨量，導致台灣各縣市陸續傳出災情，造成全台灣人民生命財產極大損害。
2009	8	12	行政院大陸委員會發布新聞稿，就大陸對我莫拉克風災給予慰問及捐輸表達誠摯謝忱。
2009	10	12	中國人民銀行福州中心支行表示，福建新台幣現鈔與人民幣兌換業務試點範圍，由福州、廈門等地區擴大至全省。
2009	12	22	第四次兩岸兩會領導人會談簽署《海峽兩岸農產品檢疫檢驗合作》、《海峽兩岸標準計量檢驗認證合作》、《海峽兩岸漁船船員勞務合作》等三項協議。
2010	1	13	海峽交流基金獲得行政院大陸委員會對兩岸第五次制度性協商議題的正式授權，《兩岸經濟合作架構協議》（ECFA）也將進入第一次正式協商。
2010	1	26	海基會與大陸海協會在北京就兩岸經濟合作架構協議舉行第一次正式協商。
2010	3	16	行政院已核定台灣地區與大陸地區金融、證券期貨、保險等三項業務往來及投資許可管理辦法草案，金管會已發布施行。
2010	3	21	海基會與海協會去年12月22日簽署之三項協議，我方已完成法定程序，於今日生效。
2010	3	31	大陸國台辦主任王毅接受《旺報》專訪時表示，ECFA是個經濟合作協定，不會有政治內容與政治語言，早收清單協商提出「惠台五意涵」：大陸降稅產品的金額與出口將少於台灣，降稅產品惠及台灣中小企業和基層民眾，不影響台灣弱勢產業，不要求大陸農產品入島，無意對台實施勞務出口。
2010	4	3	教育部發布新聞稿表示，以「階段性、檢討修正、完整配套」及「三限六不」原則招收陸生來學生。

年	月	日	事　記
2010	4	14	國台辦新聞發布會表示，今年大陸高校將免試接收在台灣基本學力測試中成績達「頂標級」的台灣高中畢業生。
2010	4	25	馬英九總統與民進黨黨主席蔡英文就 ECFA 展開辯論。
2010	5	12	國務院發布《關於支持福建省加快建設海峽西岸經濟區的若干意見》，明確賦予海西經濟區「兩岸人民交流合作先行先試區域」，為兩岸經濟的交流、各方面的合作搭建一個新的平台。
2010	5	25	中國大陸國務院批准設立福州保稅港區，並與台灣基隆自由貿易港區簽訂《兩區對接協議》，兩區率先開展涉及兩岸現代物流各個領域的廣泛合作。
2010	6	29	海基會與海協會正式簽署《兩岸經濟合作架構協議》與《兩岸智慧財產權保護合作協議》。
2010	9	11	海基會與海峽會就《海峽兩岸經濟合作架構協議》與《海峽兩岸智慧財產權保護合作協議》兩項協議，雙方完成換文程序，同意協議於 9 月 12 日生效實施。
2010	10	21	海基會告知海協會，梅姬颱風造成284名大陸遊客受困蘇花公路。
2010	10	27	國台辦新聞發布會表示，大陸方面決定於 2010 年 10 月 28 日正式實施 5 個部門的服務貿易早期收穫開放措施。
2010	11	6	宜蘭頭城籍漁船新春滿 11 號載運大陸漁工返回廈門途中，在澎湖海域沉沒，經我方海巡署出動艦艇搜救，將全數船員與漁工共 69 人救起，安置在澎湖馬公。
2011	1	4	教育部公布《大陸地區人民來台就讀專科以上學校辦法》，首批陸生將於今年 9 月來台。
2011	2	9	教育部正式核定各大學校院可招收大陸地區學生來台就讀的名額。
2011	2	9	有關菲律賓將涉嫌電信詐欺的 14 名國人遣送大陸一案，海基會要求對岸儘速依照《海峽兩岸共同打擊犯罪及司法互助協議》，遣返 14 名我方嫌犯。
2011	5	10	馬英九總統召開記者會表示，「世界衛生組織」（WHO）內部文件要求所屬機構稱呼中華民國為「中國台灣省」，是矮化我國國格，我國絕對不接受此一不公平、不合理且表裡不一的對待，並要求外交部應向「世界衛生組織」提出強烈抗議。
2011	6	22	中國大陸方面，大陸居民赴台自由行，將於 6 月 28 日正式啟動。
2011	6	25	海基會與大陸海協會就《海峽兩岸醫藥衛生合作協議》，相互完成生效通知。

年	月	日	事　記
2011	7	4	行政院大陸委員會賴幸媛主任委員宣布，過去四十五年來一直以「中華旅行社」名稱對外運作的我政府駐港機構，即將更名為「台北經濟文化辦事處」；在此同時，我行政院亦已核准香港政府來台設立「香港經濟貿易文化辦事處」。
2011	7	6	行政院大陸委員會指出：涉嫌跨境電信詐欺犯罪，遭菲律賓遣送至大陸的 14 名國人，透過兩岸共同打擊犯罪及司法互助協議所建立的機制，自大陸遣返回台，面對相關的司法程序。
2011	8	28	馬英九總統針對「九二共識」議題召開記者會強調，「九二共識」的內涵，就是「一個中國，各自表述」，這是兩岸之間的共識。對我們來說，所謂的「一個中國」當然就是中華民國。
2011	9	30	中共昨晚在酒泉衛星發射中心，成功發射太空實驗室「天宮一號」可望成為繼美、前蘇聯後，第三個掌握此關鍵技術的國家。
2011	10	24	總統府指出：政府推動洽簽《兩岸和平協議》是為了讓兩岸和平的現狀得以制度化，並沒有時間表，而且條件沒有成熟、前提沒有滿足，政府不會推動。
2011	11	13	馬英九總統接受美國《時代》（Time）雜誌專訪時表示，兩岸高層的互訪或者見面，目前時機完全不成熟，也沒有任何時間表。
2012	1	12	福建省長蘇樹林表示，今年福建將全面實施「平潭綜合實驗區總體發展規劃」。
2012	2	2	大陸國務院正式批覆設立漳州台商投資區，漳州台商投資區正式授牌。
2012	2	14	中共廣電總局日前下達「禁外令」，禁止大陸電視台在黃金時段播出境外劇，同時境外劇的播出長度管控在五十集之內。台灣製作的電視劇在大陸播出將受到影響。
2012	3	26	香港昨天上午舉行新一屆特首選舉，梁振英取得 689 票當選。
2012	5	20	馬英九總統在「第十三任總統、副總統就職中外記者會」致詞時表示，兩岸關係的推動係以「先急後緩、先易後難、先經後政」為原則，雙方迄今所簽署的 16 項協議，均屬兩岸和解制度化的一部分，因此現無與中國大陸討論和平協議議題的迫切性。
2012	7	1	香港回歸十五週年，香港民間人權陣線發起一年一度的「七一遊行」。
2012	7	18	大陸國台辦與國家開發銀行完成簽署《促進兩岸經濟繁榮與企業共同發展合作協議》，將提供大陸台企共 500 億人民幣融資。

年	月	日	事　記
2012	8	9	海基會與海協會共同確認《海峽兩岸投資保障和促進協議》及《海峽兩岸海關合作協議》的內容並簽署。
2012	8	20	重慶市前市委書記薄熙來妻子谷開來謀殺英國商人海伍德案今天一審宣判，負責審理的安徽省合肥市中級人民法院以海伍德威脅谷開來之子薄瓜瓜、谷開來有「精神障礙」等四大理由，從輕判決谷開來死刑、緩期兩年執行。
2012	9	7	馬英九總統視察彭佳嶼並發表談話時表示，釣魚台列嶼自明朝開始就是台灣的附屬島嶼，我們爭取釣魚台是為了我們的漁民，爭取百年來傳統漁場的固有權益。所提出「東海和平倡議」，就是將釣魚台列嶼爭議處理主張，即「主權在我、擱置爭議、和平互惠、共同開發」予以具體化。
2012	9	9	新一屆的香港立法會今天選舉，投票率為 52.25%。七十名立法會議員當選名單將在明天公布。
2012	9	18	前重慶市委書記薄熙來的左右手王立軍，今在成都中級人民法院開庭審理。
2012	9	25	大陸首艘航母「遼寧艦」在大連由國家主席胡錦濤授旗，胡並登艦視察，「遼寧艦」正式進入海軍服役執行科研與軍事訓練任務。
2012	11	8	中共第十八次全國代表大會，習近平擔任大會秘書長，表示習近平將接下總書記一職。
2012	11	23	大陸新版護照地圖及圖片，涵蓋台灣日月潭、綠島圖片，我政府發表嚴正聲明。
2013	3	22	中共今年第二批海軍遠洋訓練日前在三亞啟航，將再度前往西太平洋等海域演訓，昨天隨艦陸戰隊員在南海某海島進行立體搶灘登島演練。
2013	4	7	我政府表示，為因應大陸地區人類 H7N9 流感疫情升高，衛生署已將「H7N9 流感」公告為第五類法定傳染病，並成立中央流行疫情指揮中心。
2013	4	18	昨天是中日馬關條約簽署紀念日，中共官方新華社報導，中共海軍南海艦隊遠海訓練編隊昨天上午在釣魚台島附近海域進行巡航。這是中共首次派遣軍艦赴釣魚台附近巡航。
2013	4	22	我政府針對大陸四川省雅安日前發生強震，造成人員嚴重傷亡，已捐助美金 100 萬元，並透過海基會轉交大陸海協會，協助當地震災重建。

年	月	日	事　記
2013	6	21	兩岸兩會第九次高層會談在上海舉行，海基會董事長林中森與大陸海協會會長陳德銘簽署「海峽兩岸服務貿易協議」，並就有關解決金門用水問題達成共同意見。
2013	12	3	大陸月球探測器嫦娥三號昨攜帶月球車「玉兔」，於 2 日凌晨 1 點 30 分發射，航程途經台灣北部上空成功進入地月轉移軌道。
2014	2	27	兩岸兩會在台北簽署《海峽兩岸氣象合作協議》及《海峽兩岸地震監測合作協議》。
2014	3	18	國民黨立委張慶忠在 17 日的立法院聯席會議上宣布將《海峽兩岸服務貿易協議》送交立法院院會存查，引發部分民眾不滿，而於 3 月 18 日晚上 9 時，一些學生、群眾與公民團體突然占領立法院議場，並用座椅封鎖門口，「太陽花學運」拉開序幕。
2014	3	29	馬英九總統針對近日學生運動召開中外記者會表示，政府支持兩岸協議監督機制的法制化，並呼籲立法院儘可能在本會期結束前完成兩岸協議監督機制法制化。
2014	6	30	大陸國務院台灣事務辦公室主任張志軍接受大陸記者書面採訪時表示，在 6 月 25 日到 28 日以國台辦主任第一次赴台灣參訪，是六十五年來兩岸關係的重要突破。
2014	8	1	針對昨日晚間到今天凌晨高雄發生燃氣爆炸事件，國台辦立即啟動緊急聯繫機制，通過台灣陸委會轉達習近平總書記和大陸人民對台灣傷亡同胞及其家屬的哀悼和慰問。「中國紅十字總會」決定向台灣紅十字組織捐款 50 萬美元，另寧波市委通過對口交流管道捐款 100 萬元人民幣。
2014	9	30	香港占領中環行動歷經前天警方施放催淚彈後，演變成「遍地開花」的抗爭，一夕間抗議民眾喊出「占領香港」口號；由於香港警方態度大變，抗爭場所警員和警車數目晚上明顯減少，也無警察勸導市民離開。
2015	6	18	大陸國台辦發言人馬曉光表示，自 7 月 1 日開始，台灣居民持有效來往大陸通行證，無需辦理簽注，即可經開放口岸來往大陸並在大陸停留、居留。
2015	6	23	海基會與大陸海協會就《海峽兩岸地震監測合作協議》及《海峽兩岸氣象合作協議》相互完成生效通知。
2015	6	28	新北市八仙樂園昨（27）日發生粉塵爆炸事故，海基會啟動兩會緊急聯繫管道，洽請大陸海協會協調有關部門協助受傷學生的大陸親屬儘速來台探視，並將做好相關協處事項。大陸海協會也表達慰問之意及瞭解受傷人員情況及將全力提供協助。

年	月	日	事　記
2015	7	1	行政院大陸委員會發布新聞稿表示，大陸方面片面通過所謂的《國家安全法》，未正視兩岸分治現實及尊重台灣人民對維持台海現狀的堅持，不利於兩岸關係良性互動發展。
2015	9	16	大陸公安部門公告將於 9 月 21 日起全面實行效期五年的卡式台胞證。
2015	11	7	馬英九總統與中國大陸國家主席習近平在今天下午 3 時於新加坡香格里拉飯店會面。
2015	12	30	海基會與大陸海協會今日完成《海峽兩岸民航飛航安全與適航合作協議》生效通知，協議自 2015 年 12 月 31 日正式生效。
2015	12	30	大陸國台辦發言人馬曉光在例行記者會就設立兩岸熱線表示，此為兩岸領導人在新加坡會面時達成的重要共識，今天已正式啓用，國台辦主任張志軍與陸委會主委夏立言首次通過兩岸熱線進行通話。
2016	1	5	大陸國台辦宣布，爲落實兩岸領導人會面成果，大陸有關方面擬試點開放大陸居民經桃園機場的中轉業務，南昌、昆明、重慶爲首批試點城市，大陸居民可持護照及聯程機票和赴第三地的登機牌經桃園機場進行不出機場的中轉。
2016	1	11	香港支聯會及泛民主派多個團體，昨天下午發起遊行，要求立即釋放銅鑼灣書店股東李波等五人。
2016	1	16	民進黨蔡英文女士與陳建仁先生當選中華民國第十四任總統與副總統。
2016	1	28	馬英九總統前往我國南沙太平島發表談話時指出：太平島絕非岩礁，而是島嶼，完全符合《聯合國海洋法公約》（UNCLOS）第 121 條的「島嶼」定義，因而除領海之外，有權提出專屬經濟區與大陸礁層的主張。
2016	2	6	大陸國務院總理李克強在春節團拜會上就高雄發生 6.7 級強烈地震，向台灣民眾表示深切慰問。
2016	3	17	中國大陸宣布與甘比亞復交。
2016	3	23	爲利國際社會瞭解「太平島是島嶼、而非岩礁」之事實，政府邀請中外媒體代表於 3 月 23 日登島實地採訪。
2016	4	8	中國大陸將我在肯亞涉跨國電信詐騙案的 45 名我方民眾，押解至中國大陸受審。
2016	4	9	馬英九總統訪視彭佳嶼，爲「和平東海 國疆永固」紀念碑揭碑。

年	月	日	事　記
2016	5	7	我政府表示：對於 WHO 第八度邀請我國以「中華台北」名稱、觀察員身分及衛福部部長率團出席第六十九屆 WHA，我政府正面看待此一發展。本年邀請函提及聯合國大會第 2758 號決議、WHA 第 25.1 號決議以及上述文件中之「一個中國原則」，係 WHO 單方面陳述其立場。
2016	5	20	蔡英文總統發表就職演說表示：「1992 年兩岸兩會秉持相互諒解、求同存異的政治思維，進行溝通協商，達成若干的共同認知與諒解，我尊重這個歷史事實。」「新政府會依據中華民國憲法、兩岸人民關係條例及其他相關法律，處理兩岸事務。」中國大陸國台辦則在約四個小時後發出聲明，表示蔡英文在兩岸關係上採取模糊態度，沒有明確承認九二共識，這是一份「沒有完成的答卷」。
2016	7	1	左營軍港金江號巡邏艦今誤射一枚雄風三型反艦飛彈，飛彈進入澎湖海域貫穿一艘正在作業的高雄籍漁船駕駛艙，造成船上人員一死三傷。
2016	7	10	我政府表示，中國大陸因尼伯特颱風侵襲造成嚴重災情，我透過與國台辦之聯繫管道，表達關切慰問，並願提供必要協助。
2016	7	12	中國大陸國台辦發言人馬曉光針對台灣當局就南海仲裁案表明絕不接受的立場表示。
2016	7	19	中國大陸遼寧旅行團今結束來台八天七日的旅遊，在前往桃園機場搭機的路途上，所乘遊覽車發生火燒車意外，造成車上所有 24 名大陸旅客死亡。
2016	8	4	我交通部民航局已向國際民航組織（ICAO）大會主席遞交意願函，將以適當名義申請參加今年 ICAO 大會。
2016	8	16	香港「占領中環」運動三名主要學生領袖，外界稱為「雙學三子」的周永康、羅冠聰和黃之鋒，因涉非法集會罪，昨被判刑。
2016	8	31	政府發布田弘茂先生出任財團法人海峽交流基金會董事長。
2016	9	7	中國大陸將 78 名我方在亞美尼亞涉電信詐騙之國人遭帶往中國大陸。
2016	9	10	蔡英文總統在金門水頭碼頭視導「小三通及港區」致詞時表示，「小三通」是兩岸關係的重要里程碑，期許兩岸雙方能從「小三通」的歷史經驗，為持續推動兩岸關係和平穩定發展，做出更大的努力與貢獻。

年	月	日	事　記
2016	9	12	上萬名觀光產業發起大遊行，訴求「要工作、求生存、能溫飽」。
2016	9	15	大陸「天宮二號」太空站與長二F型運載火箭，於22時發射，成為中國大陸首個真正意義太空實驗室，搭載多項應用裝備與實驗設備。
2016	9	19	歷時八天的中俄「海上聯合二○一六」聯合軍演，今日閉幕。
2016	10	22	被索馬里海盜劫持長達四年半的阿曼籍台灣漁船NAHAM3號，倖存的26名船員獲救，其中9名大陸船員和1名台灣船員，將送返廣州。
2016	10	28	中共十八屆六中全會發表「以習近平同志為核心的黨中央」的會議公報，宣布「習核心」新時代的來臨。
2016	11	6	我政府表示已接到國際刑警組織（INTERPOL）主席回覆信函，明確表示無法正面回應我方希望以觀察員身分出席大會申請。
2016	11	17	前總統馬英九出訪馬來西亞，受邀參與世界華人經濟峰會，卻從頭銜、講題到稱呼都遭到中國不斷干擾。
2016	11	20	亞太經濟合作會議（APEC）領袖代表、親民黨黨主席宋楚瑜今天參加領袖與代表和ABAC（企業諮詢委員會）對話大會。
2016	11	21	藍營八縣市首長9月訪陸後，大陸官方授權的踩線團進行八天七夜參訪農特產品活動；踩線團行程鎖定藍營八縣市，對綠營執政縣市「只路過，不消費」。
2016	11	28	經濟部投審會今天駁回中國知名影音網站愛奇藝來台投資案。
2016	11	29	馬來西亞警方今天下午將21名我國籍電信詐欺犯遣送中國。
2016	12	3	蔡英文總統昨與美國新任總統當選人川普進行越洋電話談話。
2016	12	5	海霸王集團今在《旺報》刊登聲明，強調海霸王為總裁莊榮德家族百分之百獨資經營，絕無他姓股東。
2016	12	6	立法院修正通過《勞動基準法》，一例一休上路。
2016	12	10	張忠謀、劉金標昨先後宣布婉拒出任總統府資政。
2016	12	10	中國大陸空軍多架各型機昨參與遠海訓練，由北向南穿越宮古水道，其中有電偵機南下穿越巴士海峽。
2016	12	12	美國總統當選人川普接受媒體訪問時說，美國未必要受一中政策束縛。

年	月	日	事　記
2016	12	19	立法院內政委員會今審查陸委會預算，因兩岸關係急凍，朝野立委協商決議凍結大陸地區旅費（共 1,090 萬 8,000 元）的三分之一，等陸委會提出專案報告，經委員會同意才能解凍。
2016	12	21	非洲友邦聖多美普林西比決定與台灣斷絕外交關係。
2016	12	25	中共「遼寧號」航空母艦與護衛艦隻，在中共海軍司令吳勝利親自率隊，經宮古水道進入西太平洋。
2017	1	1	中共航母遼寧號在南海進行艦載機起降訓練。
2017	1	11	國防部證實中共解放軍遼寧艦今早已進入台灣的西南防空識別區，沿台灣海峽中線以西向北航行。
2017	1	11	中國外交部部長王毅在奈及利亞與奈國外長歐葉馬舉行記者會表示，要求台灣駐奈辦事處「摘牌更名、遷出首都、削權減人」，並禁止奈國官員和機構與台灣有任何官方往來。
2017	1	20	日本自衛隊將於 1 月下旬舉行軍演，假想的狀況是台海兩岸發聲軍事衝突，日本自衛隊該如何應對。
2017	1	24	兩岸人民關係條例禁止台灣人參加中國大陸黨政軍機構、團體，有台生反映在陸求學時在老師「誤導」下、不小心「被加入」共青團，擔心回台受罰。陸委會表示，會依個案情況評估，不會刻意找麻煩，呼籲台生不要害怕回台。
2017	2	7	柬埔寨總理洪森日前演說表示，遵守一個中國政策，雖然歡迎台商投資，但禁止升起台灣的國旗。
2017	2	15	香港法院昨天上午裁決，2014 年占中期間，七名警察毆打抗議人士「襲擊致造成身體傷害」全部罪名成立。
2017	2	17	中國大陸於 1988 年 8 月成立的全國台灣研究會，今在北京舉行第七屆會員代表大會暨理事換屆會，大陸前外交部副部長戴秉國當選新會長。
2017	2	19	台灣 2 百多名詐騙犯被西班牙遣返至中國。
2017	2	22	針對我國國防部日前演練總統府撤離，以防大陸斬首行動，中國國台辦今日回應表示，只要台灣領導人不搞台獨，就沒什麼可怕的。
2017	2	23	中國大陸今年高調紀念 228 事件，北京今天舉行一場「台灣人民二·二八起義七十週年座談會」。
2017	2	24	大陸國台辦前副主任、海協會常務副會長鄭立中，昨突然遭撤銷大陸全國政協委員資格。

年	月	日	事　記
2017	3	2	前總統馬英九在美東時間 1 日在紐約表示，台灣獨立不會成功，統一可成為潛在選項。
2017	3	3	教育部證實有 6 所學校簽署「一中承諾書」。
2017	3	9	總統蔡英文今出任中華文化總會會長。
2017	3	10	政大企管所畢業的中國籍學生周泓旭，疑涉間諜案遭收押。
2017	3	20	我國防部證實，中國解放軍所屬的火箭軍（原二砲部隊），已布署可對台灣本島進行精準打擊與執行「斬首行動」的「東風 16 型」彈道飛彈。
2017	3	24	為期四天的博鰲亞洲論壇昨天起在中國海南舉行，前副總統蕭萬長以兩岸共同市場基金會榮譽董事長名義與會。
2017	4	8	川習會落幕，美中並未提到台灣議題。
2017	4	10	民進黨前黨工李明哲在中國大陸被以「危害國家安全」罪嫌，遭拘留二十餘天，李明哲妻子李淨瑜原訂今搭機赴中，卻因台胞證被註銷無法登機。
2017	4	19	曾參與中國大陸「新公民運動」的中國大陸異議人士張向忠，上週三隨團來台觀光卻脫團，聲稱要尋求台灣政治庇護，移民署前晚在新北市警方協助下，用手機定位找人，將張帶回安置。
2017	5	3	美國總統川普最近受訪時表示，未來會先和中國國家主席習近平溝通，拒絕再和蔡總統通電。
2017	5	3	土耳其警方去年 5 月破獲由兩岸嫌犯組成的詐騙集團，逮捕 52 名台籍嫌犯及 30 名中國籍嫌犯，其中 42 名台灣人在去年 6 月遭遣送回台，另 10 名台灣人因涉及側錄 ATM，違反當地法令，遭法院裁定收押。外交部亞非司司長陳俊賢今天表示，這 10 名台灣人已經在上月 26 日遭遣送回台，交由台灣警方調查。
2017	5	4	執政將屆週年之際，總統蔡英文拋出「新情勢、新問卷、新模式」的兩岸關係互動新主張。
2017	5	5	中國大陸國台辦、全國哲學社會科學規劃領導小組研究決定，參照大陸居民待遇，開放在大陸高校和科研院所工作的台灣研究人員申報國家社科基金各類項目。
2017	5	9	美國國務院針對台灣今年未收到世界衛生大會（WHA）邀請函一事做出官方回應，重申支持台灣參與國際事務，同時鼓勵兩岸在互相尊重的基礎上對話。
2017	5	10	第七十屆世界衛生大會（WHA）將於本月 22 日在瑞士日內瓦登場，昨天是網路報名截止日，因日內瓦與台北有六小時時差，衛福部今早確定網路報名截止前未收到邀請函。

年	月	日	事　記
2017	5	17	繼日本政府於今年 1 月 1 日將「財團法人交流協會」更名為「公益財團法人日本台灣交流協會」後，我政府亦於今日將「亞東關係協會」更名為「台灣日本關係協會」。
2017	5	17	外交部證實斐濟駐華貿易暨觀光代表處將裁撤（已於上週三（10日）突然撤館）。
2017	5	20	國民黨黨主席選舉結果出爐，吳敦義以 14 萬多票，在首輪取得過半票數，當選下一屆國民黨黨主席。
2017	5	22	世界衛生大會（WHA）今日在瑞士日內瓦開幕，台灣今年無緣參與，11 國我國友邦提案，呼籲世衛邀請台灣。
2017	5	24	我國大法官會議公布釋字第 748 號解釋指出：《民法》關於婚姻的規定排除了同性，這與《憲法》保障的人民婚姻自由及人民平等權相違背。因此有關機關應在兩年內，完成相關法律修正或制定。
2017	5	25	我漢光 33 號演習今在澎湖登場。
2017	6	7	台南市市長賴清德日前在台南市議會答詢，稱自己不反中國，是「親中愛台」。
2017	6	13	巴拿馬今早宣布和中國建交，我外交部也立即宣布終止與巴國關係，這是蔡總統上任以來，第二個與我國斷交的國家。
2017	6	16	外交部發布新聞稿，感謝美國聯邦眾議院外交委員會亞太小組於美東時間 2017 年 6 月 15 日無異議通過《台灣旅行法案》（Taiwan Travel Act, H.R.535）。
2017	6	18	海峽論壇正在廈門舉行，今年新增青年新世代領袖特訓營等擴大兩岸交流做法。
2017	6	28	中國大陸《國家情報法》今日施行。
2017	6	30	習近平昨天首度以大陸國家主席身分到訪香港。
2017	6	30	美國國務院批准對台 14.2 億美元（約台幣 433 億）的軍售案。
2017	7	1	中國國家主席習近平今日出席香港回歸二十年大會。
2017	7	2	台北市市長柯文哲今在上海參加「台北－上海雙城論壇」。
2017	7	5	國防部昨天表示，中共航空母艦遼寧號編隊日前從台灣海峽中線以西，南下赴香港。
2017	7	13	中國大陸第一位出身本土的諾貝爾和平獎得主劉曉波，今日因多器官功能衰竭，搶救無效死亡，享年 61 歲。

年	月	日	事　記
2017	7	14	美國在台協會（AIT）主席莫健（James Moriarty）昨在華府表示，他不認為台灣總統蔡英文上台後於兩岸政策有所挑釁，但對兩岸目前缺乏的溝通對話也表示關切。
2017	7	24	泰國政府昨天舉行破案記者會宣布，涉及電信詐騙案的 44 名嫌疑人（含 25 名台籍人士），定罪後將送往中國大陸。
2017	7	26	中國解放軍轟炸機六天內三度靠近我防空識別區外，進行環台飛行遠航訓練。
2017	7	27	中國大陸與俄羅斯、蒙古等三國，首次在俄羅斯境內舉行大型聯合反恐演習。
2017	7	27	中國大陸和柬埔寨日前聯手打擊電信詐騙犯罪，逮捕 32 名嫌犯，其中有 7 名台灣人，都被送往大陸受審。
2017	7	29	美國白宮幕僚長蒲博思（Reince Priebus）遭到總統川普撤換，成為美國現代史上最短命的白宮幕僚長，也可能對台美關係產生影響。
2017	7	30	中共中央軍委主席習近平今在內蒙朱日和訓練基地檢閱部隊。
2017	8	1	中國國家主席習近平上午出席中共八一建軍節，他發表談話提出「六個任何」。
2017	8	6	前年發起反課綱運動的學生朱震，近日因在臉書上貼出前往中國參加國台辦活動的訊息，遭外界批評。
2017	8	9	針對四川省阿壩藏族羌族自治州九寨溝縣發生強烈地震後，台灣各界以不同形式表達關切和慰問及一些台資企業支持當地救災工作，中國大陸國台辦發言人馬曉光表示感謝。
2017	8	10	1 架隸屬於中共空軍的運八型機，昨日由中國起飛後，經由我台灣南部空域經由巴士海峽北上後，從我東部空域經日本宮古海峽飛行。
2017	8	11	中國大陸發射全球首顆量子科學實驗衛星「墨子號」，據瞭解這顆衛星從太空向地面發送「不可破解的」高速量子密鑰，為建立最安全保密的全球量子通訊網奠定基礎。
2017	8	13	國防部發布新聞稿表示，中共運八型機二架由我南部防空識別區外，經巴士海峽向東北航行，執行遠海長航訓練，其中穿越宮古海域期間由兩架蘇三〇戰機伴護飛行，再飛返原駐地。
2017	8	18	男子呂軍億，今自軍史館偷走日軍武士刀，欲闖入總統府時，持武士刀將憲兵劃傷後遭逮捕。

年	月	日	事　記
2017	8	23	台北國際旅展將於 10 月 27 日至 10 月 30 日舉行，其中中國大陸展區「海峽兩岸台北旅展」今年確定「喊卡」。
2017	8	24	陸委會晚間表示，中國大陸今天下午分別將在馬來西亞及柬埔寨涉嫌從事電信詐騙犯的共 18 名台灣人押往大陸。
2017	9	8	北韓試爆氫彈震撼全球，大陸國家主席習近平與美國總統川普 6 日晚間通電話，討論朝鮮半島局勢。
2017	9	8	行政院院長賴清德今天宣誓就職。
2017	9	10	教育部召開十二年國教新課程綱要課程審議會，高中國文文言文和白話文比率經表決後，仍維持原草案擬定的 45% 至 55%。
2017	9	11	第七十二屆聯合國大會明將在美國紐約聯合國總部開議，外交部政務次長章文樑今天表示，政府基於踏實外交政策，在審慎評估後，採取與去年相同的方式，由友邦在聯大總辯論為我執言，友邦駐聯合國常任代表也將聯名為我致函給聯合國新任秘書長古特雷斯（Antonio Guterres）。
2017	9	11	民進黨前黨工、非政府組織工作者李明哲案今在湖南省岳陽中級人民法院開庭。
2017	9	20	新加坡總理李顯龍昨抵北京，展開三天中國大陸訪問行程。
2017	9	24	針對台灣大學出借場地舉辦「中國新歌聲——上海・台北音樂節」，卻發生台大校名遭矮化及侵害學生受教權等爭議，引發台大學生抗議，行政院大陸委員會副主委邱垂正晚間嚴正表示，兩岸交流的基本原則，就是應秉持對等、尊嚴，更何況在我方場地舉辦，更不可以矮化我方。
2017	9	26	行政院院長賴清德首度到立法院施政報告並備詢，坦承自己是「主張台獨的政治工作者」、「務實台獨主義者」。
2017	9	28	大陸中央電視台晚間的「榜樣」節目，介紹共軍轟 6 機隊出海長程偵巡任務，並出現轟 6K 駕駛員在座艙中拍下的畫面，顯示兩架 F-16 戰機飛近轟 6K 進行近距離監控。
2017	10	1	美國國務院官網介紹台灣頁面，直到今年 5 月底仍可看見台灣的地理位置圖及中華民國國旗，但官網最近改版，中華民國國旗消失不見，只留下台灣地圖。
2017	10	8	針對朝鮮局勢動盪，國防部指出，不只中共對台灣「文攻武嚇」從未減緩，北韓近來進行六次核試爆，及向日本以東海域發射彈道飛彈，衝擊東北亞區域情勢，未來區域爭端若持續惡化，不排除激化局部衝突的可能。
2017	10	10	總統蔡英文在國慶談話中，重申「四不」原則，並希望兩岸共同尋找互動「新模式」。

年	月	日	事　記
2017	10	18	本屆中共十九大會議中，高雄土生土長的盧麗安，是唯一入籍中國並擔任黨代表的台裔人士。現任上海市台灣同胞聯誼會會長的盧麗安稱自己「以台灣的女兒為榮，以身為中國人為傲」。
2017	10	24	中共十九大今天上午舉行閉幕式，閉幕報告中再度提到對台政策的「6個任何」，同時將「習近平新時代中國特色社會主義思想」列入最新修正黨章。
2017	10	25	美國智庫蘭德公司最近發表研究報告指出，美中兩國發生軍事衝突的可能性較六年前高，除朝鮮半島與南海，台海也是美中可能發生衝突的區域。
2017	10	26	陸委會表示，國安局彙整「2012年迄今疑似違反兩岸條例第33條名單」，其中2人分別擔任中國大陸地方政府高新技術創業中心副主任、中國大陸地方政府新區招商一局副局長，經認定已違反《兩岸人民關係條例》，依法分別裁罰新台幣10萬元，當事人也已繳交罰款，這兩人沒有入大陸籍。
2017	10	28	中國大陸公安機關將我19名電信網路詐騙犯罪嫌疑人自柬埔寨押解至廣州。
2017	10	29	白宮昨發聲明，美國總統川普提名國務院前亞太副助卿薛瑞福擔任國防部亞太助理部長。
2017	10	29	總統蔡英文在夏威夷檀香山與美國智庫「東西中心」（East-West Center）學者見面交流。
2017	10	30	中國大陸近日發布「關於修改『取得國家法律職業資格的台灣居民在大陸從事律師職業管理辦法』的決定」，自2017年11月1日起，取得大陸律師職業資格並獲得大陸律師執業證書的台灣居民在大陸執業可代理涉台民事案件的範圍將擴大至五大類237項。
2017	11	9	美國總統川普與中國國家主席習近平今舉行「川習會」，會後兩人舉行聯合記者會。
2017	11	10	亞太經濟合作會議（APEC）峰會今起舉行，主辦國越南首度舉行經濟領袖與東協領袖非正式對話，我領袖代表宋楚瑜與中國大陸國家主席習近平在圓桌上的位置被安排在對面。
2017	11	11	中國大陸領導人習近平在越南峴港會見日本首相安倍晉三時強調，在歷史、台灣等涉及中日關係政治基礎的重大原則問題上，要始終按照中日四個政治文件和雙方共識行事。
2017	11	17	美國智庫「二〇四九計畫室」研究員易思安（Ian Easton）在新書「中國侵略威脅」（The Chinese Invasion Threat）中提及，中共已擬定「二〇二〇年攻台秘密計畫」，引發各界議論。

年	月	日	事 記
2017	11	19	國防部發布新聞稿表示，中共圖 154 型機一架 18 日上午飛經宮古海域，由北向南飛，執行遠海長訓。
2017	11	22	國防部發布新聞稿表示，中共計有轟六、運八、圖 154、伊爾 78、蘇愷 30 等各型機多架，經巴士海峽飛往西太平洋，從事跨島鏈遠海長航訓練。
2017	11	23	曾被稱爲「中國網路沙皇」的前大陸國家互聯網信息辦公室（簡稱網信辦）主任魯煒，成爲中共十九大後落馬的「首虎」（老虎意指貪腐高官）。
2017	11	23	國防部發布新聞稿表示，中共軍機轟 6 等共十四架軍機從巴士海峽飛往西太平洋，續行跨島鏈遠海長航訓練。
2017	11	24	中國大陸國台辦主任張志軍出席「第三屆兩岸媒體人北京峰會」開幕式致詞，以「六個一」概括「十九大」報告對台工作內容，包括：一個根本目標——解決台灣問題、實現祖國完全統一；一條基本方針——堅持「和平統一、一國兩制」方針；一項主要任務——推動兩岸關係和平發展，推進祖國和平統一進程；一項基本原則——「一個中國」原則；一條清晰紅線——堅決維護國家主權和領土完整，絕不容忍國家分裂的歷史悲劇重演；一個重要理念——秉持「兩岸一家親」理念，尊重台灣現有的社會制度和台灣同胞生活方式，願意率先同台灣同胞分享大陸發展的機遇。
2017	11	27	國民黨黨主席吳敦義出訪菲律賓和泰國。
2017	11	28	民進黨前黨工李明哲今在湖南岳陽市中級人民法院開庭宣判，以觸犯「顛覆國家政權罪」，判處有期徒刑五年，剝奪政治權利兩年。
2017	12	7	中國解放軍空軍轟炸機今天上午從台灣南方空域接近，我空軍出動 F-16 戰機升空攔截。
2017	12	9	根據《聯合新聞網》報導，中國駐美公使李克新美東時間 8 日在華盛頓一場講座上提到美國國會通過的《國防授權法》，其中包括美台軍艦實現互訪時表示：「我可能要感謝你們美國朋友，若美國真的派軍艦去台灣，就啓動了我們的《反分裂國家法》……我告訴你，美國軍艦抵達高雄港之日，就是我解放軍武力統一台灣之時。」
2017	12	11	海軍最快可能在今天與慶富解約。
2017	12	11	中國大陸空軍展開例行性遠洋訓練，多架轟炸機、偵察機「繞島巡航」，提升維護國家主權和領土完整的能力。

年	月	日	事　記
2017	12	13	南韓總統文在寅今天起將對中國大陸進行四天國是訪問，外界視為雙方逐步走出「薩德」陰影的破冰之旅。
2017	12	13	美國總統川普 12 日於白宮簽署《2018 財政年度國防授權法》（NDAA），該法提及，國會認為美方應考量美台軍艦互停的適當性與可行性等。
2017	12	14	歐洲議會今通過「共同外交暨安全政策」（CFSP）年度執行報告，呼籲亞太區域內，包括東海、南海及台海相關各方以和平方式解決歧見，避免片面改變現狀，以捍衛區域安全。
2017	12	15	時代力量立委黃國昌日前接受電台專訪表態，願意支持民進黨在桃園、台中、高雄及台南推出的縣市長候選人。
2017	12	18	中國解放軍空軍密集繞台，今早又派軍機從巴士海峽經我東部海域。
2017	12	19	大陸昨推出新惠台措施，台灣居民比照大陸居民繳交住房公積金後可以提取使用在買房、租房方面；若返回台灣，還可以提取公積金帳戶餘額。
2017	12	20	熟悉兩岸事務、與台灣關係密切的美國國務院代理亞太助卿的董雲裳（Susan Thornton），昨日正式提名為國務院亞太助卿人選。
2017	12	20	新黨發言人王炳忠等人 19 日早上 6 時許被搜索約談後，晚間近 11 時被移送北檢複訊，並在今天凌晨 0 時許獲請回。
2017	12	21	肯亞電信詐騙案主嫌張凱閔、林金德等 77 名嫌犯，去年 4 月遭遣送回北京受審，其中含 44 名台灣籍嫌犯，北京第二中級人民法院今上午作出判決。該案已有 22 人遭判刑，張、林 2 人各遭重判十五年。
2017	12	23	西班牙法院昨日同意將第二批以台灣人為主的兩岸電信詐騙嫌犯引渡至中國受審。
2017	12	25	中共中央黨校機關報《學習時報》，今天出現國台辦聯絡局局長劉軍川的一篇長文〈中華民族偉大復興必然要求實現祖國完全統一〉。文中稱，今天中共「比歷史上任何時期都更接近、更有信心和能力實現中華民族偉大復興的目標」。並指兩岸實力將越來越懸殊，中國對台在戰略上將形成全面壓倒性優勢，「外部勢力也無法阻擋中國統一，祖國完全統一必將實現」。
2017	12	26	中華民國 106 年「國防報告書」中指出，中共挹注高額國防經費，加速國防與軍隊現代化進程，持續增加海空軍火箭軍及戰略支援部隊等戰力，推動部隊組織改革大幅提升兵力投射能力，嚴重威脅我國家安全。

年	月	日	事 記
2017	12	27	中共解放軍本月三度派軍機環繞台灣飛行，引發兩岸關係緊張。
2017	12	29	總統蔡英文今在中科院舉行年終媒體茶敘時，被問及中國大陸軍機密集演訓繞台一事時表示，中國大陸領導當局應是個理性決策者，此時或任何對台動武的可能性，應都不在他決策思考裡面。
2017	12	30	六四學運領袖王丹今年中離開生活了八年的台灣，前往美國繼續推動中國民主發展。
2018	1	3	中國福建地區日前傳出將分三年大舉聘請 3,000 位台灣博士，引起國內人才外流之討論。前總統馬英九表示，台灣人才被中國挖走，他直言：「我高興都來不及！」
2018	1	4	中國民航局今天啓用 M503 航線北上及 W121、W122、W123 相關銜接航線。民航局局長林國顯表示，對岸是在今早 8 時 01 分到 05 分間，單方面經由廈門與福州通知我方金門與馬祖塔台。
2018	1	7	鑑於近日中國大陸在未經協商下片面啓用 M503 等爭議航線，總統蔡英文今偕同行政院賴清德院長召集國安部會首長研議。
2018	1	7	林心如自製自演的新戲《我的男孩》，在中國大陸傳出因被舉報台獨，才播 2 集就遭全面下架。
2018	1	8	法國總統馬克宏於 1 月 8 日至 10 日訪問中國大陸，這是馬克宏今年的首次出國訪問，也是他上任以來首次訪問中國大陸。
2018	1	11	中國大陸海軍艦艇上午駛入釣魚台海域外側毗鄰區，日本首相安倍晉三下令警戒監視，日本外務省召見中共駐日大使程永華提出抗議。
2018	1	15	中國大陸外交部部長王毅與聖多美普林西比外長會談時表示，「一個中國」原則是中國大陸和聖多美普林西比復交的前提，也是兩國關係發展的政治基礎。
2018	1	16	繼萬豪飯店和達美航空被指將台港澳列入國家欄位後，中國大陸媒體日前點名 20 多家國內外航空公司，其官方網站也將台灣和中國並列。被點名的澳洲航空（Qantas）昨日表示將修改官網內容。

資料來源：本表在 1993 年前的資料，以整理 Cheng、Huang 與 Wu（1995）主編的專書所附的 Chronology，1994 年以後則以行政院大陸委員會網站上的「兩岸大事記」為主。陸委會的網站連結為：https://www.mac.gov.tw/Content_List. aspx?n=24275AA207E835AC，擷取時間：2019 年 7 月 20 日。

References

參考書目

一、中文部分

王中天，2010，〈獨立選民的類型及其投票行為：臺灣2008年總統選舉的觀察〉，《選舉研究》，17（2）：35-69。

王甫昌，1993，〈省籍融合的本質——一個理論與經驗的探討〉，張茂桂等編，《族群關係與國家認同》，台北：業強。

王甫昌，1994，〈族群同化與動員——臺灣民眾政黨支持之分析〉，《中央研究民族學研究所集刊》，77：1-34。

王甫昌，1997，〈臺灣民主政治與族群政治的衝突〉，游盈隆主編，《民主的鞏固或崩潰：臺灣二十一世紀的挑戰》，台北：月旦。

王甫昌，1998，〈臺灣族群政治的形成與表現：一九九四年台北市長選舉結果之分析〉，殷海光先生學術基金會主編，《民主、轉型？臺灣現象》，台北：桂冠。

王甫昌，2003，《當代臺灣社會的族群想像》，台北：群學。

王甫昌，2008，〈族群政治議題在臺灣民主化轉型中的角色〉，《臺灣民主季刊》，5（2）：89-140。

石之瑜，2009，〈兩岸關係的政治心理學：認同與形象的政治情感分析〉，包宗和、吳玉山主編，《重新檢視爭辯中的兩岸關係理論》，台北：五南。

朱雲漢，1996，〈臺灣選民在國會選舉中的政黨選擇：二屆國大之個案分析〉，《選舉研究》，3（1）：17-48。

吳玉山，1997，《抗衡或扈從：兩岸關係新詮》，台北：正中。

吳玉山，1999a，〈爭辯中的兩岸關係理論〉，包宗和、吳玉山主編，《爭辯中的兩岸關係理論》：3-39，台北：五南。

吳玉山，1999b，〈臺灣的大陸經貿政策：結構與理性〉，包宗和、吳玉山主編，《爭辯中的兩岸關係理論》，台北：五南。

吳玉山，2009，〈重新檢視爭辯中的兩岸關係理論〉，包宗和、吳玉山主編，《重新檢視爭辯中的兩岸關係理論》，台北：五南。

吳乃德，1992，〈國家認同和政黨支持：臺灣政黨競爭的社會基礎〉，

《中央研究院民族學研究所集刊》，74：33-61。

吳乃德，1993，〈省籍意識、政治支持和國家認同：臺灣族群政治理論的初探〉，張茂桂等主編，《族群關係與國家認同》，台北：業強。

吳乃德，1994，〈社會分歧和政黨競爭：解釋國民黨爲何繼續執政〉，《中央研究院民族學研究所集刊》，78：101-130。

吳乃德，2002，〈認同衝突和政治信任：現階段臺灣族群政治的核心難題〉，《臺灣社會學》，4：75-118。

吳乃德，2005，〈麵包與愛情：初探臺灣民眾民族認同的變動〉，《臺灣政治學刊》，9（2）：5-39。

吳重禮、許文賓，2003，〈誰是政黨認同者與獨立選民──以 2001 年臺灣地區選民政黨認同的決定因素爲例〉，《政治科學論叢》，18：101-140。

何思因，1994，〈臺灣地區選民政黨偏好的變遷：1989-1992〉，《選舉研究》，1（1）：39-52。

何思因、吳釗燮，1996，〈臺灣政黨體系之下政黨認同的測量方法〉，《選舉研究》，3（1）：1-16。

林宗弘、胡克威，2011，〈愛恨 ECFA：兩岸貿易與台灣的階級政治〉，《思與言》，49（3）：95-134。

林琮盛、耿曙，2005，〈從「安全」與「利益」的兩難中解套：再思兩岸關係中的市場力量〉，《遠景基金會季刊》，6（4）：239-281。

林瑞華、耿曙，2008，〈經濟利益與認同轉變：台商與韓商個案〉，《東亞研究》，39（1）：165-192。

林瓊珠，2019，〈臺灣民眾的政黨認同與政黨政治之變化〉，政治大學選舉研究中心成立 30 週年學術研討會，5 月 24 日～25 日，台北：政治大學。

邵宗海，2006，《兩岸關係》，台北：五南。

洪永泰、黃永政，2000，〈台灣地區電話隨機撥號抽樣方法之研究〉，《選舉研究》，7（1）：173-184。

徐火炎，1991，〈政黨認同與投票抉擇：臺灣地區選民對政黨印象、偏

好與黨派投票行為之分析〉，《人文及社會科學集刊》，4（1）：
1-57。

徐火炎，1992，〈民主轉型過程中政黨的重組：臺灣地區選民的民主價
值取向、政黨偏好與黨派投票改變之研究〉，《人文及社會科學集
刊》，5（1）：213-263。

徐火炎，1993，〈選舉競爭與政治分歧結構的變遷：國民黨與民進黨勢力
的消長〉，《人文及社會科學集刊》，6（1）：37-74。

徐火炎，1995，〈「李登輝情結」與省市長選舉的投票行為：一項政治心
理學的分析〉，《選舉研究》，2（2）：1-36。

徐火炎，1996，〈臺灣選民的國家認同與黨派投票行為：一九九一至
一九九三年間的實証研究結果〉，《臺灣政治學刊》，1：85-127。

徐火炎，1998，〈臺灣的選舉與社會分歧結構：政黨競爭與民主化〉，陳
明通、鄭永年主編，《兩岸基層選舉與政治社會變遷》，台北：月旦
出版社。

徐火炎，2004，〈臺灣結、中國結與臺灣心、中國情：臺灣選舉中的符號
政治〉，《選舉研究》，11（2）：1-42。

徐火炎、陳澤鑫，2012，〈臺灣情緒選民的初探：分析政治情緒對選民投
票抉擇的作用〉，臺灣選舉與民主化調查2012年國際學術研討會，
11月3～4日，台北：臺灣大學。

耿曙，2009，〈經濟扭轉政治？中共「惠台政策」的政治影響〉，《問題
與研究》，48（3）：1-32。

耿曙、陳陸輝，2003，〈兩岸經貿互動與臺灣政治版圖：南北區塊差異的
推手？〉，《問題與研究》，42（6）：1-27。

耿曙、劉嘉薇、陳陸輝，2009，〈打破維持現狀的迷思：台灣民眾統獨抉
擇中理念與務實的兩難〉，《台灣政治學刊》，13（2）：3-56。

許志嘉，2006，〈中共對台嚇阻戰略：理論與實踐〉，《全球政治評
論》，15：1-32。

陳文俊，1995，〈統獨議題與選民的投票行為──民國八十三年省市長選
舉之分析〉，《選舉研究》，2（2）：99-136。

陳映男、耿曙、陳陸輝，2016，〈依違於大我、小我之間：解讀臺灣民眾對兩岸經貿交流的心理糾結〉，《台灣政治學刊》，20（1）：1-59。

陳陸輝，2000，〈臺灣選民政黨認同的持續與變遷〉，《選舉研究》，7（2）：9-52。

陳陸輝，2008，〈「臺灣認同的起源與政治效果」之研究〉，行政院國科會專題研究計畫，計畫編號：NSC 95-2414-H-004-051-SSS，台北：行政院國科會。

陳陸輝，2015，〈我國大學生政治社會化的定群追蹤研究（IV）〉，計畫編號：MOST 100-2628-H-004-084-MY4，台北：行政院科技部專題研究計畫。

陳陸輝，2018，〈兩岸關係對選舉的影響〉，陳陸輝主編，《2016臺灣大選：新民意與新挑戰》，台北：五南圖書。

陳陸輝，2019，〈從民意的觀點評估兩岸關係與2020總統選舉〉，《展望與探索》，17（4）：125-142。

陳陸輝、周應龍，2013，〈台灣民眾臺灣人認同的持續與變遷〉，蘇起、童振源主編，《兩岸關係的機遇與挑戰》，台北：五南。

陳陸輝、耿曙，2009，〈臺灣民眾統獨立場的持續與變遷〉，包宗和、吳玉山主編，《重新檢視爭辯中的兩岸關係理論》：163-194，台北：五南。

陳陸輝、耿曙、王德育，2009，〈兩岸關係與2008年台灣總統大選：認同、利益、威脅與選民投票取向〉，《選舉研究》，16（2）：1-22。

陳陸輝、耿曙、涂萍蘭、黃冠博，2009，〈理性自利或感性認同？影響臺灣民眾兩岸經貿立場因素的分析〉，《東吳政治學報》，27（2）：87-125。

陳陸輝、陳映男，2013，〈臺灣政黨選民基礎的持續與變遷〉，陳陸輝主編，《2012年總統與立法委員選舉：變遷與延續》，台北：五南。

陳陸輝、陳映男，2014，〈台灣的大學生對兩岸服貿協議的看法〉，《台灣研究》，5：1-9。

陳陸輝、陳映男，2016，〈政治情緒對兩岸經貿交流的影響：以臺灣的大

學生為例〉，《選舉研究》，23（2）：55-89。

陳陸輝、陳映男、王信賢，2012，〈經濟利益與符號態度：解析臺灣認同的動力〉，《東吳政治學報》，30（3）：1-51。

陳陸輝、陳奕伶，2014，〈兩岸關係與台灣民眾政治支持的解析〉，《民主與治理》，1（1）：87-109。

陳陸輝、楊貴，2019，〈家庭政治傳統的持續與變遷〉，政治大學選舉研究中心成立30週年學術研討會，5月24日～25日，台北：政治大學。

陳義彥，1991，〈我國大學生政治社會化之研究：十五年來政治價值與態度之變遷〉，計畫編號：NSC 80-0301-H-004-18，台北：行政院國科會專題研究計畫。

陳義彥、陳陸輝，2003，〈模稜兩可的態度還是不確定的未來：臺灣民眾統獨觀的解析〉，《中國大陸研究》，46（5）：1-20。

陳博志等，2002，《台灣與中國經貿關係：現代學術研究專刊12》，台北：現代學術研究基金會。

盛杏湲，2002，〈統獨議題與臺灣選民的投票行為：1990年代的分析〉，《選舉研究》，9（1）：41-80。

盛杏湲，2010，〈臺灣選民政黨認同的穩定與變遷：定群追蹤資料的應用〉，《選舉研究》，17（2）：1-33。

盛杏湲、陳義彥，2003，〈政治分歧與政黨競爭：2001年立委選舉的分析〉，《選舉研究》，10（1）：7-40。

崔曉倩、吳重禮，2011，〈年齡與選舉參與：2008年總統選舉的實證分析〉，《調查研究》，26：7-44。

莊天憐，2001，〈我國「獨立選民」的發展與變遷（1989～1999）〉，《選舉研究》，8（1）：71-115。

莊淑媚、洪永泰，2011，〈特定政黨不認同：台灣地區民意調查中關於政黨認同的新測量工具〉，《選舉研究》，18（2）：1-29。

曾于蓁，2015，〈大陸對臺農漁採購政策變化：「契作」機制及其效果〉，《問題與研究》，54（1）：95-128。

游清鑫，2002，〈政黨認同與政黨形象〉，《選舉研究》，9（2）：85-

114。

張茂桂，1993，〈省籍問題與民族主義〉，張茂貴等主編，《族群關係與國家認同》：233-278，台北：業強。

童振源，2003，〈兩岸經濟整合與臺灣的國家安全顧慮〉，《遠景基金會季刊》，4（3）：41-58。

鄭夙芬，2013，〈2012 年總統選舉中的台灣認同〉，《問題與研究》，52（4）：101-132。

劉嘉薇，2019，《臺灣民眾的媒體選擇與統獨立場》，第二版，台北：五南。

劉嘉薇，2018，〈務實也是一種選擇：台灣民眾統獨立場的測量與商榷〉，《台灣民主季刊》，6（4）：141-168。

劉嘉薇、耿曙、陳陸輝，2009，〈務實也是一種選擇：台灣民眾統獨立場的測量與商榷〉，《台灣民主季刊》，6（4）：141-168。

劉義周，1987，〈選民的政黨偏好〉，雷飛龍主持，《轉形期社會中的投票行為──台灣地區選民的科際整合研究（II）》，計畫編號：NSC 76-0301-H004-12，台北：行政院國家科學委員會專題計畫成果報告。

蔡佳泓，2019，《「民眾對當前兩岸關係之看法」民意調查報告書》，行政院大陸委員會。

蔡佳泓、陳陸輝，2015，〈「中國因素」或是「公民不服從」？從連續追蹤樣本探討太陽花學運之民意〉，《人文及社會科學集刊》，27（4）：573-603。

謝復生，2013，《實證政治理論》，台北：五南。

關弘昌，2009，〈臺灣國內選舉因素對其大陸政策之影響〉，包宗和、吳玉山主編，《重新檢視爭辯中的兩岸關係理論》，台北：五南。

關弘昌，2018，〈臺灣青年世代統獨與兩岸經貿交流態度之探索〉，《遠景基金會季刊》，19（2）：1-40。

二、英文部分

Abramson, Paul R. 1983. *Political Attitudes in America: Formation and Change*. San Francisco: W. H. Freeman.

Abramson, Paul R. 1989. "Generations and Political Change in the United States." *Research in Political Sociology* 4: 235-280.

Achen, Christopher. 1992. "Social Psychology, Demographic Variables, and Linear Regression: Breaking the Iron Triangle in Voting Behavior." *Political Behavior* 14(3):195-211.

Achen, Christopher, and T. Y. Wang, eds. 2017. *The Taiwan Voter*. Ann Arbor: University of Michigan Press.

Anderson, Christopher J. 2007. "The End of Economic Voting? Contingency Dilemmas and the Limits of Democratic Accountability." *Annual Review of Political Science* 10: 271-296.

Anderson, Christopher J., and Jason D. Hecht. 2012. "Voting When the Economy Goes Bad, Everyone Is in Charge, and No One Is to Blame: The Case of the 2009 German Election." *Electoral Studies* 31: 5-19.

Arian, Asher. 1995. *Security Threatened: Surveying Israeli Opinion on Peace and War*. Jaffee Center for Strategic Studies, Tel Aviv University and Cambridge University Press.

Augoustinos, Martha, Iain Walker, and Ngaire Donaghue. 2006. *Social Cognition: An Integrated Introduction*. London: Sage.

Bartels, Larry M. 2005. "Homer Gets a Tax Cut: Inequality and Public Policy in the American Mind." *Perspectives on Politics* 3(1): 15-31.

Berinsky, Adam J. 2009. *In Time of War: Understanding Public Opinion, From World War II to Iraq*. University of Chicago Press.

Blanchard, Jean-Marc F., and Dennis V. Hickey, eds. 2012. *New Thinking about the Taiwan Issue: Theoretical insights into Its Origins, Dynamics, and Prospects*. Routledge.

Brader, Ted. 2014. "The Emotional Foundations of Democratic Citizenship." In *New Directions in Public Opinion*, ed. Adam Berinsky. New York and London: Routledge.

Brader, Ted, and George E. Marcus. 2013. "Emotion and Political Psychology." In *The Oxford Handbook of Political Psychology*, eds. Leonie Huddy, David O. Sears, and Jack S. Levy. Oxford and New York: Oxford University Press.

Campbell, Andrea L. 2002. "Self-interest, Social Security, and the Distinctive Participation Patterns of Senior Citizens." *American Political Science Review* 96: 565-574.

Campbell, Angus, Philip E. Converse, Warren E. Miller, and Donald E. Stokes. 1960. *The American Voter*. Chicago: The University of Chicago Press.

Chang, G. Andy, and T. Y. Wang. 2005. "Taiwanese or Chinese? Independence or Unification? An Analysis of Generational Differences in Taiwan." *Journal of Asian & African Studies* 40(1-2): 29-49.

Cheng, T. J., Chi Huang, and Samuel S. G. Wu. 1995. *Inherited Rivalry: Conflict across the Taiwan Straits*. Boulder, CO: Lynne Rienner.

Chu, Yun-Han. 2004. "Taiwan's National Identity Politics & the Prospect of Cross-Strait Relations." *Asian Survey* 44(4): 484-512.

Chu, Yun-han, and Jih-wen Lin. 2001. "Political Development in 20th-Century Taiwan: State-Building, Regime Transformation & the Construction of National Identity." *China Quarterly* (165): 102-129.

Conover, P. Johnston, and Stanley Feldman. 1986. "Emotional Reactions to the Economy: I'm Mad as Hell and I'm not Going to Take it Anymore." *American Journal of Political Science* 30(1): 50-78

Conover, P. Johnston, Stanley Feldman, and Kathleen Knight. 1987. "The Personal and Political Underpinnings of Economic Forecasts." *American Journal of Political Science* 31(3): 559-583.

Corcuff, Stephane, ed. 2002. *Memories of the Future: National Identity Issues*

& the Search for a New Taiwan. Armonk, NY: M. E. Sharpe.

Dittmer, Lowell. 2005. "Taiwan's Aim-Inhibited Quest for Identity & the China Factor." *Journal of Asian & African Studies* 40(12): 71-90.

Downs, Anthony. 1957. *An Economic Theory of Democracy*. New York, NY: Harper & Row.

Edelman, Murray. 1964. *The Symbolic Uses of Politics*. Urbana, IL: University of Illinois Pres.

Edelman, Murray. 1971. *Politics as Symbolic Action*. Chicago, IL: Markham.

Erikson, Robert S., and Laura Stoker. 2011. "Caught in the Draft: The Effects of Vietnam Draft Lottery Status on Political Attitudes." *American Political Science Review* 105(2): 221-237.

Erisen, Cengiz. 2018. *Political Behavior and the Emotional Citizen: Participation and Reaction in Turkey.* New York: Palgrave Macmillan.

Fiorina, Morris P. 1981. *Retrospective Voting in American National Elections.* New Haven: Yale University Press.

Fiske, Susan T., and Shelley E. Taylor. 2017. *Social Cognition: From Brains to Culture*. 3rd edition. London: Sage.

Greenfield, Liah. 1992. *Nationalism: Five Roads to Modernity*. Cambridge, Mass: Harvard University Press.

Hardin, Russell. 1995. "Self-Interest, Group Identity." In *Nationalism and Rationality*, eds. Albert Breton et al. Cambridge and New York: Cambridge University Press.

Hirschman, Albert O. 1945. *National Power and the Structure of Foreign Trade*. Berkeley & Los Angeles: University of California Press.

Hsieh, John Fuh-sheng. 1995. "Chiefs, Staffs, Indians and Others: How was Taiwan's Mainland China Policy Made?" In *Inherited Rivalry: Conflict across the Taiwan Straits*, eds. Tun-jen Cheng, Chi Huang, and Samuel S. G. Wu. Boulder, CO: Lynne Rienner.

Hsieh, John Fuh-sheng, and Emerson M. S. Niou. 1996. "Salient Issues in

Taiwan's Electoral Politics." *Electoral Studies* 15(2): 219-235.

Hsieh, John Fuh-sheng, and Emerson M. S. Niou. 2005. "Measuring Taiwanese Public Opinion on the Taiwan Independence Issue: A Methodological Note." *China Quarterly* (181): 158-168.

Hu, Wei-hsin, ed. 2013. *New Dynamics in Cross-Taiwan Straits Relations: How far Can Rapprochement Go*. London and New York: Routledge.

Huang, Chi. 2015. "Endogenous Regressors in Nonlinear Probability Models: A Generalized Structural Equation Modeling Approach." *Journal of Electoral Studies* 22(1): 1-33.

Huddy, Leonie, Stanley Feldman, and Erin Cassese. 2007. "On the Distinct Political Effects of Anxiety and Anger." In *The Affect Effect*, eds. W. Russell Newman, George E. Marcus, Ann N. Crigler, and Michael MacKuen. Chicago: The University of Chicago Press.

Jennings, M. Kent. 1979. "Another Look at the Life Cycle and Political Participation." *American Journal of Political Science* 23(4): 755-771.

Jennings, M. Kent, and Thomas E. Mann, eds. 1994. *Elections at Home and Abroad*. Ann Arbor: University of Michigan Press.

Jennings, M. Kent, and Gregory B. Markus. 1984. "Partisan Orientations Over the Long Hall: Results From the Three-Wave Political Socialization Panel Study." *American Political Science Review* 78: 1000-1018.

Jennings, M. Kent, and Richard G. Niemi. 1975. "Continuity and Change in Political Orientation: A Longitudinal Study of Two Generations." *American Political Science Review* 69(4): 1316-1335.

Jennings, M. Kent, and Richard G. Niemi. 1978. "The Persistence of Political Orientations: An Over-Time Analysis of Two Generations." *British Journal of Political Science* 8: 333-363.

Jennings, M. Kent, and Richard G. Niemi. 1981. *Generations and Politics*. Princeton: Princeton University Press.

Just, Marion R., Ann N. Crigler, and Todd L. Belt. 2007. "Don't Give Up

Hope: Emotions, Candidate Appraisals, and Votes." In *The Affect Effect*, eds. W. Russell Newman, George E. Marcus, Ann N. Crigler, and Michael MacKuen. Chicago: The University of Chicago Press.

Keng, Shu, Lu-huei Chen, and Kuan-po Huang. 2006. "Sense, Sensitivity, and Sophistication in Shaping the Future of Cross-Strait Relations." *Issues & Studies* 42(4): 23-66.

Keng, Shu, Jean Yu-Chen Tseng, and Qiang Yu. 2017. "The Strengths of China's Charm Offensive: Changes in the Political Landscape of a Southern Taiwan Town under Attack from Chinese Economic Power." *China Quarterly* 232: 956-981.

Key, V. O., Jr. 1955. "A Theory of Critical Elections." *Journal of Politics* 17: 3-18.

Key, V. O., Jr. 1966. *The Responsible Electorate.* Cambridge, MA., Harvard University Press.

Kinder, Donald R., and Roderick D. Kiewiet. 1979. "Economic Discontent and Political Behavior: The Role of Personal Grievances and Collective Economic Judgments in Congressional Voting." *American Journal of Political Science* 23(3): 495-527.

Kinder, Donald R., and David O. Sears. 1981. "Prejudice and Politics: Symbolic Racism versus Racial Threats to the Good Life." *Journal of Personality and Social Psychology* 40: 414-431.

Lazarus, Richard. 1991. *Emotion and Adaption.* New York: Oxford University Press.

Lau, Richard R., and David O. Sears, eds. 1986. *Political Cognition.* New Jersey: Lawrence Erlbaum Associates.

Lee, Wei-chin, ed. 2010. *Taiwan's Politics in the 21st Century.* New Jersey: World Scientific Publishing Co. Inc. 。

Lewis-Beck, Michael S., and Martin Paldam. 2000. "Economic Voting: An Introduction." *Electoral Studies* 19(2): 113-121.

Lewis-Beck, Michael S., and Mary Stegmaier. 2000. "Economic Determinants of Electoral Outcomes." *Annual Review of Political Science* 3: 183-219.

Lewis-Beck, Michael Steven, and Richard Nadeau. 2011. "Economic Voting Theory: Testing New Dimensions." *Electoral Studies* 30: 288-294.

Linn, Suzanna, Jonathan Nagler, and Micro Morales. 2010. "Economics, Elections, and Voting Behavior." In *The Oxford Handbook of American Elections and Political Behavior*, ed. Jan E. Leighley. New York: Oxford University Press.

Liu, I-chou. 1996. "Generational Divergence in Party Image Among Taiwan Electorate." *Issues & Studies* 31(2): 87-114.

Lockerbie, Brad. 1991. "The Influence of Levels of Information on the Use of Prospective Evaluations." *Political Behavior* 13(3): 223-235.

Lodge, Milton, and Charles S. Taber. 2013. *The Rationalizing Voter*. New York: Cambridge University Press.

Marcus, George, and Michael B. MacKuen. 2001. "Emotion and Politics: The Dynamic Functions of Emotionality." In *Citizens and Politics: Perspectives from Political Science*, ed. James H. Kuklinski. Cambridge: The University of Cambridge Press.

Marcus, George E., W. Russell Newman, and Michael MacKuen. 2000. *Affective Intelligence and Political Judgment*. Chicago: The University of Chicago Press.

MacKuen, Michael B., Robert Erikson, and James Stimson. 1992. "Peasants or Bankers?: The American Electorate and the U. S. Economy." *American Political Science Review* 86(3): 597-611.

Markus, Gregory, and Philip Converse. 1979. "A Dynamic Simultaneous Equation Model of Electoral Choice." *American Political Science Review* 68(2): 572-591.

Miller, Arthur H., and Martin P. Wattenberg. 1985. "Throwing the Rascals Out: Policy and Performance Evaluations of Presidential Candidates, 1952-

1980." *American Political Science Review* 79(2): 359-372.

Miller, Warren E., and J. Merrill Shanks. 1996. *The New American Voter.* Cambridge, Mass.: Harvard University Press.

Myers, R. Hawley, and Jialin Zhang. 2006. *Struggle across the Taiwan Strait: the Divided China Problem.* Stanford, CA: Hoover Institution Press.

Niemi, G. Richard, and Herbert F. Weisberg, 1993. "How Meaningful Is Party Identification." In *Classics in Voting Behavior*, eds. G. Richard Niemi, and Herbert F. Weisberg Washington, D. C.: Congressional Quarterly Inc.

Niou, Emerson M. S. 2005. "A New Measure of Preferences on the Independence-Unification Issue in Taiwan." *Journal of Asian & African Studies* 40(1-2): 91-104.

Niou, Emerson. 2008. "The China Factor in Domestic Politics." In *Democratization in Taiwan: Challenges in Transformation*, eds. Philip Paolino, and James Meernik. Hampshire: Ashgate.

Riker, William H. 1977. "The Future of a Science of Politics." *American Behavioral Scientist* 2(1): 11-38.

Rudolph, Thomas, Amy Gangl, and Dan Stevens. 2000. "The Effects of Efficacy and Emotions on Campaign Involvement." *Journal of Politics* 62: 1189-1197.

Schubert, Gunter, ed. 2016. *Taiwan and the 'China Impact': Challenges and Opportunities.* New York: Routledge.

Schubert, Genter, Ruihua Lin, and Jean Yu-chen Tseng. 2017. "Are Taiwanese Entrepreneurs a Strategic Group? Reassessing Taishang Political Agency across the Taiwan Strait." *Asian Survey* 57(5): 856-884.

Sears, David O. 1983. "The Person-Positivity Bias." *Journal of Personality and Social Psychology* 44(2): 233-250.

Sears, David O. 1993. "Symbolic Politics: A Socio-Psychological Theory." In *Explorations in Political Psychology*, eds. Shanto Iyengar, and William McGuire. Durham, NC: Duke University Press.

Sears, David O. 2001. "The Role of Affect in Symbolic Politics." In *Citizens and Politics: Perspectives form Political Psychology*, ed. James H. Kuklinski. Cambridge and New York: Cambridge University Press.

Sears, David, and Carolyn Funk. 1991. "The Role of Self-interest in Social and Political Attitude." *Experimental Social Psychology* 24: 1-91.

Smith, Anthony. 1986. *The Ethnic Origins of Nations*. Cambridge, US: Blackwell Publishers.

Soroka, Stuart N. 2014. *Negativity in Democratic Politics: Causes and Consequences.* New York: Cambridge University Press.

Tajfel, Henri, and John C. Turner. 1979. "An Integrative Theory of Inter-group Conflict." In *The Social Psychology of Inter-group Relations*, eds. William G. Austin, and Stephen Worchel. Monterey, CA: Brookes/Cole.

Taylor, Charles. 1989. *Sources of the Self: The Making of the Modern Identity.* Cambridge, MA: Harvard University Press.

Valentino, Nicholas A., Krysha Gregorowicz, and Eric W. Groenendyk. 2009. "Efficacy, Emotions and the Habit of Participation." *Political Behavior* 31(3): 307-330.

Verba, Sidney, Kay Lehman Schlozman, and Henry E. Brady. 1995. *Voice and Equality*. Cambridge: Harvard Univ. Press.

Wang, Chia-chou. 2018. "Primordialism, Instrumentalism, Constructivism: Factors Influencing Taiwanese People's Regime Acceptance of Mainland China's Government." *Journal of Contemporary China* 27(109): 137-150.

Wang, Chia-chou. 2019. "Social Contact and Taiwanese Political Identity Change in Taiwanese Student Delegations Visiting Mainland China." *Asian Survey* 59(5): 937-958.

Wang, T. Y. 2001. "Cross-Strait Relations after the 2000 Election in Taiwan: Changing Tactics in a New Reality." *Asian Survey* 41(5): 716-736.

Wang, T. Y. 2005. "Extended Deterrence and US Policy towards the Taiwan Issue: Implications for East Asia and Taipei." *Taiwan Defense Affairs*

6(1): 176-195.

Wong, Stan Hok-wui, and Nicole Wu. 2016. "Can Beijing Buy Taiwan? An Empirical Assessment of Beijing's Agricultural Trade Concessions to Taiwan." *Journal of Contemporary China* 25: 353-71.

Wu, Chung-li. 2017. "Do Contacts Matter? Public Impressions of a Rising China in Taiwan." *Journal of Electoral Studies* 24(1): 1-31.

Wu, Yu-shan. 1995. "Economic Reform, Cross-Straits Relations, and the Politics of Issue Linkage." In *Inherited Rivalry: Conflict Across the Taiwan Straits*, eds. Tun-jen Cheng, Chi Huang, and Samuel S. G. Wu. Boulder, London. Lynne Rienner Pub.

Wu, Yu-shan. 2000. "Theorizing on Relations across the Taiwan Strait: Nine Contending Approaches." *Journal of Contemporary China* 9(25): 407-428.

Wu, Yu-shan. 2004. "Review of 'The China Threat: Perceptions, Myths and Reality'." *Europe-Asia Studies* 56(1): 178-179.

Yu, Ching-hsin. 2005. "The Evolving Party System in Taiwan, 1995-2004." *Journal of Asian and African Studies* 40: 105-123.

國家圖書館出版品預行編目資料

台灣民意與兩岸關係／陳陸輝著. ――初
版. ――臺北市：五南圖書出版股份有限公
司, 2021.03
面；　公分
ISBN 978-986-522-090-7（平裝）

1.台灣政治　2.民意　3.兩岸關係

574.33　　　　　　　　　109015785

1PUK

台灣民意與兩岸關係

作　　者 ― 陳陸輝（266.5）

發 行 人 ― 楊榮川

總 經 理 ― 楊士清

總 編 輯 ― 楊秀麗

副總編輯 ― 劉靜芬

責任編輯 ― 黃郁婷、李孝怡

封面設計 ― 姚孝慈

出 版 者 ― 五南圖書出版股份有限公司

地　　址：106台北市大安區和平東路二段339號4樓

電　　話：(02)2705-5066　　傳　　真：(02)2706-6100

網　　址：https://www.wunan.com.tw

電子郵件：wunan@wunan.com.tw

劃撥帳號：01068953

戶　　名：五南圖書出版股份有限公司

法律顧問　林勝安律師事務所　林勝安律師

出版日期　2021年3月初版一刷

定　　價　新臺幣280元

經典永恆・名著常在

五十週年的獻禮 ── 經典名著文庫

五南，五十年了，半個世紀，人生旅程的一大半，走過來了。

思索著，邁向百年的未來歷程，能為知識界、文化學術界作些什麼？

在速食文化的生態下，有什麼值得讓人雋永品味的？

歷代經典・當今名著，經過時間的洗禮，千錘百鍊，流傳至今，光芒耀人；

不僅使我們能領悟前人的智慧，同時也增深加廣我們思考的深度與視野。

我們決心投入巨資，有計畫的系統梳選，成立「經典名著文庫」，

希望收入古今中外思想性的、充滿睿智與獨見的經典、名著。

這是一項理想性的、永續性的巨大出版工程。

不在意讀者的眾寡，只考慮它的學術價值，力求完整展現先哲思想的軌跡；

為知識界開啟一片智慧之窗，營造一座百花綻放的世界文明公園，

任君遨遊、取菁吸蜜、嘉惠學子！